HABILIDADES METALINGUÍSTICAS
AVANÇOS DAS PESQUISAS NO CONTEXTO NACIONAL

Editora Appris Ltda.
1.ª Edição - Copyright© 2023 dos autores
Direitos de Edição Reservados à Editora Appris Ltda.

Nenhuma parte desta obra poderá ser utilizada indevidamente, sem estar de acordo com a Lei nº 9.610/98. Se incorreções forem encontradas, serão de exclusiva responsabilidade de seus organizadores. Foi realizado o Depósito Legal na Fundação Biblioteca Nacional, de acordo com as Leis nᵒˢ 10.994, de 14/12/2004, e 12.192, de 14/01/2010.

Catalogação na Fonte
Elaborado por: Josefina A. S. Guedes
Bibliotecária CRB 9/870

H116h 2023	Habilidades metalinguísticas: avanços das pesquisas no contexto nacional / Márcia Maria Peruzzi Elia da Mota, Taís Turaça Arantes (orgs.). – 1. ed. – Curitiba: Appris, 2023. 134 p. ; 23 cm. – (Geral). Inclui referências. ISBN 978-65-250-5408-7 1. Conscientização da linguagem. 2. Aquisição da linguagem. 3. Linguística. 4. Psicolinguística. I. Mota, Márcia Maria Peruzzi Elia da. II. Arantes, Taís Turaça. III. Título. IV. Série. CDD – 401.9

Livro de acordo com a normalização técnica da APA

Appris editora

Editora e Livraria Appris Ltda.
Av. Manoel Ribas, 2265 – Mercês
Curitiba/PR – CEP: 80810-002
Tel. (41) 3156 - 4731
www.editoraappris.com.br

Printed in Brazil
Impresso no Brasil

Márcia Maria Peruzzi Elia da Mota
Taís Turaça Arantes
(org.)

HABILIDADES METALINGUÍSTICAS
AVANÇOS DAS PESQUISAS NO CONTEXTO NACIONAL

FICHA TÉCNICA

EDITORIAL
Augusto V. de A. Coelho
Sara C. de Andrade Coelho

COMITÊ EDITORIAL
Ana El Achkar (UNIVERSO/RJ)
Andréa Barbosa Gouveia (UFPR)
Conrado Moreira Mendes (PUC-MG)
Eliete Correia dos Santos (UEPB)
Fabiano Santos (UERJ/IESP)
Francinete Fernandes de Sousa (UEPB)
Francisco Carlos Duarte (PUCPR)
Francisco de Assis (Fiam-Faam, SP, Brasil)
Jacques de Lima Ferreira (UP)
Juliana Reichert Assunção Tonelli (UEL)
Maria Aparecida Barbosa (USP)
Maria Helena Zamora (PUC-Rio)
Maria Margarida de Andrade (Umack)
Marilda Aparecida Behrens (PUCPR)
Marli Caetano
Roque Ismael da Costa Güllich (UFFS)
Toni Reis (UFPR)
Valdomiro de Oliveira (UFPR)
Valério Brusamolin (IFPR)

SUPERVISOR DA PRODUÇÃO
Renata Cristina Lopes Miccelli

PRODUÇÃO EDITORIAL
Bruna Holmen

REVISÃO
Stephanie Ferreira Lima

DIAGRAMAÇÃO
Renata Cristina Lopes Miccelli

CAPA
João Vitor

PREFÁCIO

A escrita é uma invenção decisiva na história da humanidade. É a representação dos pensamentos, dos sentimentos e de ideias por meio de símbolos, aproximando as pessoas em termos de espaço e tempo mediante registros.

Escrever em um sistema de escrita que se baseia no princípio alfabético é compreendido pelos teóricos como de mais fácil aquisição ao comparar-se com outros sistemas, considerando o fato de uma maior associação entre fonema e grafema. Entretanto, a escrita não ocorre de forma espontânea e pesquisas nesse campo de investigação têm mostrado o papel relevante desempenhado pelas habilidades metalinguísticas.

Este livro conduz o leitor a esquadrinhar produções científicas atuais sobre habilidades metalinguísticas, sem a ambição de exaurir a discussão sobre o tema. É uma obra indispensável para aqueles que buscam subsídios para apoiarem suas pesquisas. Para além dos que estudam o assunto, seus capítulos proporcionam a compreensão inteligível de construtos fundamentais do processo de aquisição da escrita, contribuindo para repensar e apoiar, inclusive, a prática de docentes alfabetizadores e possibilitar substanciar políticas públicas na educação e na saúde.

Marcia Cristina Monteiro

Doutora e pós-doutora em Psicologia Social pela Universidade Salgado de Oliveira, professora titular da pós-graduação em Psicologia na mesma instituição

SUMÁRIO

INTRODUÇÃO 9

CAPÍTULO 1
CONSCIÊNCIA FONOLÓGICA E LEITURA: COMO SUA CONTRIBUIÇÃO VARIA COM A ESCOLARIDADE 11
Marisangela Siqueira de Souza, Márcia Maria Peruzzi Elia da Mota & Larissa Gabardo Martins

CAPÍTULO 2
HABILIDADES METALINGUÍSTICAS: AVANÇOS NAS PESQUISAS SOBRE CONSCIÊNCIA FONOLÓGICA E O PAPEL DA INSTRUÇÃO FÔNICA EXPLÍCITA E SISTEMÁTICA. 25
Solange de Fátima Andreassa Di Agustini & Maria Regina Maluf

CAPÍTULO 3
A CONSCIÊNCIA MORFOLÓGICA E A ESCRITA: POR QUE OS MORFEMAS SÃO IMPORTANTES PARA SE APRENDER A ESCREVER? 53
Márcia Maria Peruzzi Elia da Mota & Taís Turaça Arantes

CAPÍTULO 4
A CONSCIÊNCIA MORFOLÓGICA NA LEITURA NÃO É SÓ PARA CRIANÇAS 61
Silvia Brilhante Guimarães & Ana Paula Bellot Vita

CAPÍTULO 5
CONSIDERAÇÕES ACERCA DE DIFERENTES RECURSOS METODOLÓGICOS E ANALÍTICOS ADOTADOS NA INVESTIGAÇÃO DE HABILIDADES METATEXTUAIS EM CRIANÇAS 77
Alina Galvão Spinillo & Jane Correa

CAPÍTULO 6
OS CONHECIMENTOS DOS PROFESSORES ALFABETIZADORES SOBRE HABILIDADES METALINGUÍSTICAS EM UMA PROPOSTA DE FORMAÇÃO DOCENTE...101
Tânia Maria Massaruto de Quintal & Fraulein Vidigal de Paula

SOBRE AS AUTORAS...129

INTRODUÇÃO

Habilidades metalinguísticas referem-se à capacidade de refletir e manipular a língua de forma intencional (Gombert, 1992). Há muito se discute a natureza das habilidades metalinguísticas. Uma controvérsia relativa ao seu desenvolvimento diz respeito a se podemos considerar as habilidades metalinguísticas parte da metacognição ou se são parte do desenvolvimento metalinguístico. Por envolver o controle intencional da reflexão da língua, poderia fazer parte de uma das habilidades de metacognição, sendo adquirida por volta dos 6/7 anos de idade, por outro lado, evidências de que desde muito cedo as crianças mostram algum controle sobre a língua sugerem que as habilidades metalinguísticas surgem antes dos processos metacognitivos se desenvolverem. Apesar dessa controvérsia, há consenso entre pesquisadores de que a habilidade metalinguística envolve a reflexão explícita sobre a língua. O aprendiz precisa mostrar a capacidade de refletir e intencionalmente manipular a língua, para que se considere que ele possui habilidades metalinguísticas.

Mais 50 anos se passaram desde os primeiros estudos sobre o tema e essa ainda é uma área que produz resultados novos que contribuem, sobretudo, para compreensão sobre a forma que as crianças aprendem. Apontam para a necessidade de refletirmos sobre a generalização de pesquisas de uma língua para outra e o que pode ou não ser generalizado de um sistema educacional para o outro. Nesse sentido, a nossa coletânea traz um conjunto de textos que atualizam os resultados das pesquisas na área, aplicando-os para o contexto nacional.

No Capítulo 1, Marisangela Siqueira de Souza, Márcia Maria Peruzzi Elia da Mota e Larissa Gabardo Martins discutem o desenvolvimento da consciência fonológica, mostram que, embora observe-se um aumento no desempenho da consciência fonológica com base na média com a série escolar, a contribuição da variância desse construto para leitura, na verdade, diminui com a escolaridade. Esses resultados estão em consonância com os de capítulos seguintes que mostram que a consciência fonológica tem um peso mais importante no início da alfabetização, mas, à medida que as crianças consolidam as regras de correspondência entre letra e som, precisam de estratégias mais complexas para ler e escrever. No Capítulo 2, Maria Regina Maluf e Solange de Fátima Andreassa Di Agustini corroboram a importância do papel inicial da consciência fonológica e defendem a utilização da instrução fônica como forma de atingir uma decodificação eficiente, etapa necessária para uma boa compreensão leitora. Caminhando para a etapa seguinte da aquisição da língua escrita, chegamos na utilização de estratégias ortográficas. No Capítulo 3, Márcia Maria Peruzzi Elia da Mota e Tais Turaça Arantes discutem o papel que a consciência morfológica exerce na escrita de crianças no ensino fundamental. Porém, não é só no ensino fundamental que a consciência morfológica tem papel importante. Temos poucos estudos que investigam o papel das habilidades metalinguísticas em adultos. No capítulo seguinte, o 4, Silvia Brilhante Guimarães e Ana Paula Bellot Vita adicionam informação necessária para essa área pouco estudada, ao refletir sobre o papel da morfologia na aquisição da língua escrita de adultos. Passando para o nível do texto, no Capítulo 5, Alina Galvão Spinillo e Jane Correa tecem considerações sobre recursos metodológicos e analíticos utilizados em pesquisas que investigam as habilidades metatextuais de crianças. No último capítulo, o Capítulo 6, de Tânia Maria Massaruto de Quintal e Fraulein Vidigal de Paula, a autora nos apresenta os conhecimentos dos professores alfabetizadores sobre habilidades metalinguísticas.

A totalidade dos capítulos desta coletânea apresenta uma atualização da área das habilidades metalinguísticas no Brasil, escrita de forma clara e contextualizada para o nosso contexto linguístico e educacional.

Esperamos que aproveitem os textos apresentados!

Rio, 13 de junho de 2023.

Márcia Maria Peruzzi Elia da Mota

Taís Turaça Arantes

CAPÍTULO 1

CONSCIÊNCIA FONOLÓGICA E LEITURA: COMO SUA CONTRIBUIÇÃO VARIA COM A ESCOLARIDADE

Marisangela Siqueira de Souza
Márcia Maria Peruzzi Elia da Mota
Larissa Gabardo Martins

Introdução

Em função da complexidade do processamento da leitura, é importante estudar os fatores que atuam como facilitadores dessa habilidade. Décadas de pesquisas têm se dedicado aos fatores que podem levar ao bom desempenho em leitura. Esse interesse acontece, principalmente, pela associação do quadro de fracasso escolar com as dificuldades de aprendizagem em leitura e em escrita (Capovilla & Capovilla, 2000; Cardoso-Martins, 1995a; Guimarães, 2003; Maluf & Barrera, 1997; Suehiro, 2008).

Um dos focos dessas pesquisas tem sido em como as habilidades metalinguísticas, a habilidade de refletirmos sobre a linguagem como objeto de pensamento (Garton & Pratt, 1989), podem ajudar a aquisição da leitura. Refletir sobre a língua fornece à criança possibilidades de processar a língua escrita de forma mais informada, melhorando seu desempenho.

As habilidades metalinguísticas atuam de forma interativa e dinâmica durante o processo de aquisição de leitura. Ao mesmo tempo que promovem o desenvolvimento da leitura, o desenvolvimento da leitura afeta o desenvolvimento das habilidades metalinguísticas (Gombert, 2003; Santos et al., 2018). Investigar como essas habilidades se comportam com o passar das séries escolares pode ser de grande relevância para suporte aos estudantes com dificuldades na aquisição leitora e com desempenho regular, fornecendo subsídios científicos aos profissionais envolvidos nesse processo. Isso possibilitará que tenham acesso a melhores e mais eficazes escolhas na construção dos currículos, nas estratégias de aprendizagem, tipos de abordagens e na elaboração e uso de materiais didáticos.

Neste capítulo, abordaremos como uma dessas habilidades se desenvolve, a Consciência Fonológica, porém a análise do desenvolvimento não será apenas sobre as médias, pois é esperado que estas melhorem com a escolarização, verificaremos a contribuição da variância e suas implicações para a aquisição leitora ao longo das séries escolares.

1.1 O que é consciência fonológica e como se desenvolve?

A Consciência Fonológica (CF) está dentre as habilidades metalinguísticas que se destacam como fundamentais para o bom desempenho na leitura (Mota & Castro, 2007). A Consciência Fonológica denota o acesso consciente aos fonemas, sílabas e unidades intrassilábicas da linguagem oral. Além disso, a Consciência Fonológica engloba a capacidade de manipular cognitivamente essas representações sonoras refletidas em tarefas como a combinação de sons juntos ou invertidos em uma palavra; sendo considerada uma das principais preditoras de leitura, especialmente no início da alfabetização. Essa habilidade é considerada importante para alfabetização, porque ajudaria a criança a entender as correspondências entre letra e som, necessárias para aquisição do princípio alfabético (Correa & Mousinho, 2013; Morais, 1996; Mota & Castro, 2007).

Descobertas de décadas de pesquisa convergem para a ideia de que a maioria das crianças que apresentam dificuldades para aprender a ler apresentam déficit nos processamentos relacionados à Consciência Fonológica (Wagner et al., 1997; Ehri et al., 2001). Aprender a ler dentro de um script alfabético requer uma compreensão do princípio alfabético (a ideia de que símbolos impressos ou grafemas representam sistematicamente fonemas), leitores iniciantes precisam adquirir conhecimento suficiente sobre a estrutura fonológica de sua linguagem oral, a fim de fazer um uso eficiente desse princípio alfabético. Dessa forma, seria altamente preditiva da capacidade posterior de leitura das crianças (Barrera & Maluf, 2003; Cardoso-Martins, Correa, & Magalhães, 2010).

Por ser um construto multidimensional e complexo, a Consciência Fonológica possui vários níveis. Algumas das habilidades envolvidas no construto Consciência Fonológica desenvolvem-se no curso da experiência com a linguagem falada, como é o caso da habilidade de refletir sobre sílabas e rimas. No entanto, o surgimento da consciência fonêmica, considerado como o nível mais complexo da Consciência Fonológica, depende de um maior conhecimento da estrutura da escrita alfabética. É fruto da decodificação. Assim, não se desenvolve de maneira intuitiva ou natural, para a maioria das crianças, vai exigir oportunidades de ensino e prática deliberadas (Correa & Mousinho, 2013; Godoy & Codo-Moreira, 2015; Morais, 1996, 2013, 2014; Morais, 2019; Paulino, 2009).

O maior desafio na aprendizagem é, em parte, porque os fonemas não existem naturalmente na linguagem falada. Quando crianças e adultos falam, eles não pronunciam distintamente cada fonema isolado. Em vez disso, a fala humana inclui o que é chamado de "coarticulação" dos sons da fala, com cada fonema afetado pelos anteriores, posteriores a ele, ou ambos (Phillips, Menchetti, & Lonigan, 2008). Quando pronunciamos a palavra casa ['kazɐ] que começa com a letra c e depois usamos a mesma letra c para a palavra-chave ['ʃave], o fonema é pronunciado de forma diferente, dependendo de qual vogal ou a consoante vem depois. Dessa forma, a habilidade de isolar os fonemas interage com a aprendizagem da leitura, inicialmente as crianças conseguem isolar unidades de som maiores, como as sílabas e as rimas, e com as aprendizagens escolares chegam aos fonemas (Ehri, 2005). Isso porque saber que o c em casa ['kazɐ] tem som de k e c em cinema [sin'emɐ] tem som de s, é facilitado pelo ensino formal da escrita.

Esse conhecimento inicial dos sons maiores ajudaria a progressão para a etapa posterior da aquisição da escrita. Assim, o desenvolvimento desse construto compreende a reflexão dos níveis silábico, intrassilábico e fonêmico, numa sequência previsível (Barrera & Maluf, 2003; Cardoso-Martins, Correa, & Magalhães, 2010). Compreendendo melhor cada um:

a) O nível silábico compreende a habilidade de segmentar palavras em sílabas, aglutinar sílabas para formar palavras e reconhecer que determinadas sílabas formam palavras (Gombert, 1992).

b) O nível intrassilábico corresponde à consciência de que as palavras podem ser divididas em unidades maiores que o fonema, porém menores que a sílaba. Corresponde à divisão da sílaba em onset (ataque), rima e aliteração (Goswami & Bryant, 1990).

c) O nível fonêmico também pode ser denominado consciência fonêmica. Esse nível representa a capacidade de segmentar palavras e sílabas em unidades sonoras ainda menores que as unidades intrassilábicas, é definido como a capacidade de manipular e analisar de forma intencional os fonemas (Morais, 1997).

Como já ressaltado, essa habilidade é apontada como sendo o nível de Consciência Fonológica mais complexo, por isso, desenvolve-se de forma mais lenta que a silábica e a intrassilábica, demanda intencionalidade para seu desenvolvimento e sua ausência pode desencadear dificuldades no desenvolvimento da proficiência na leitura e escrita (Wagner et al., 1997; Ehri et al., 2001).

Dessa forma, pesquisas indicam que a estimulação e a avaliação das habilidades da Consciência Fonológica são vistas como estratégias de prevenção e remediação para o fracasso escolar. A estimulação, porque quanto mais precocemente a criança dirigir a atenção consciente para os sons da fala, mais progresso ela apresenta anos mais tarde na aprendizagem da leitura e da escrita; e a avaliação, que ajuda na prevenção do desenvolvimento de dificuldades na aprendizagem da leitura e da escrita, bem como orienta as intervenções necessárias no processo de estimulação e recomposição dessa habilidade, ou seja, contribui no desenvolvimento de programas educacionais nessa área (Bradley & Bryant, 1983; Cardoso-Martins, 1995; Morais, 2019; Palinha & Mota, 2019; Pfost et al., 2019; Pinheiro, Correa, & Mousinho, 2012).

1.2 Avaliação da consciência fonológica

A respeito da avaliação da Consciência Fonológica, há ressalvas sobre a confiabilidade dos instrumentos aplicados, pois muitos testes são gerados pelos próprios pesquisadores e há pouca pesquisa sobre as propriedades psicométricas dos itens dos instrumentos padronizados para a avaliação desse construto. A revisão de literatura de Godoy, Fortunato e Paiano (2014) aponta que, dentre as 23 tarefas que encontraram, as principais tarefas padronizadas utilizadas na avaliação da Consciência Fonológica são: Instrumento de Avaliação Sequencial (CONFIAS), desenvolvido por Moojen et al. (2003), o qual tem como objetivo poder detectar se existem ou não alterações nessa habilidade; indicado para crianças a partir dos 4 anos de idade, a Prova de Consciência Fonológica por Produção Oral (PCFO), desenvolvida por Capovilla e Capovilla (1998a), tem como objetivo de avaliar a capacidade da criança de manipular os sons da fala e de expressar oralmente o resultado dessa manipulação; e o Roteiro de Avaliação da Consciência Fonológica (RACF), desenvolvido por Santos (1996), é um instrumento que consiste de 3 séries de itens, cada série com 5 itens e 2 exemplos, que visam avaliar a dificuldade na identificação do fonema ou "som inicial", "final" e "do meio" das palavras.

De forma geral, as tarefas utilizadas para aferir o processamento fonológico se dividem em tarefas de baixo nível de processamento e alto nível de processamento. As tarefas de baixo nível incluem atividades de categorização, nas quais os estímulos estão dados, por exemplo: "Qual palavra rima com a outra?". Também é o caso das de julgamento "Qual palavra não começa como as outras?". O RAFC é um exemplo desse tipo de tarefa. Contar sílabas e fonemas das palavras, que envolvem ritmo. As de alto nível de processamento cognitivo são, em geral, tarefas de manipulação de fonemas — deletar, alterar ou acrescentar um fonema à palavra. Tarefas de produção são as palavras que rimam com a palavra sugerida. O CONFIAS, por sua vez, apresenta tarefas de baixo e alto nível.

Outra discussão importante é se o comportamento dessa habilidade é o mesmo para todas as ortografias e reforçam a necessidade de compreender o comportamento da Consciência Fonológica em cada língua, para isso, verificar também sua variância, de acordo com o avanço da escolaridade. Ortografias que representam a estrutura fonêmica de forma consistente (um fonema para um grafema) tornam relativamente fácil para crianças pequenas trabalharem nos mapeamentos entre grafemas e fonemas (Ehri, 2013). A ortografia do inglês, por exemplo, apresenta muitas irregularidades. Dentre a maioria dos idiomas alfabéticos, é um dos que possui mais maneiras de se soletrar quase todos os fonemas (sons), e a maioria das letras também apresentam várias pronúncias, dependendo de sua posição na palavra e do contexto (Seymour et al., 2003).

A respeito de transparência de ortografia, o português está no meio do espectro ortográfico. Não é tão irregular quanto inglês, mas não é tão transparente quanto o espanhol. Porém, o português é uma língua com estrutura silábica simples e as crianças têm bastante facilidade com tarefas que envolvem o processamento das sílabas. É possível que no português a contribuição da consciência fonológica tenha força inicialmente, pois há muitas palavras regulares, mas que perca força logo após a alfabetização, uma vez que as regras de correspondência letra e som são facilmente aprendidas no português e a criança precisa focar em aprender regras ortográficas mais complexas.

1.3 Consciência fonológica e as séries escolares

Para que o treinamento e a intervenção sejam feitos de forma eficiente, é necessário que haja uma avaliação consistente e cuidadosa da Consciência Fonológica ao longo das séries escolares. Para isso, voltamo-nos às pesquisas que estudam seu desenvolvimento.

Essas pesquisas, que acompanham como a Consciência Fonológica se comporta com o avançar da escolaridade, ganharam campo na área. Porém, focaram na comparação de médias entre as séries e mostraram um avanço na habilidade de refletir com o avanço na escolaridade. Por exemplo, Capovilla e Montiel (2007) observaram o desempenho em 10 componentes da Consciência Fonológica nas quatro séries escolares. Para quase todos os componentes, o resultado da comparação entre as médias mostrou avanço entre as três primeiras séries escolares. Os autores verificaram, também, padrões de correlação mais forte entre a Consciência Fonológica e a leitura nas séries iniciais. É uma pena que não tenham realizado um estudo de moderação efetuando controles, para que se pudesse observar o padrão de contribuição dos componentes da Consciência Fonológica ao longo do tempo.

Outro estudo que utilizou comparação entre médias com amostras brasileiras foi o de Freitas et al. (2012) e corrobora com os resultados de Capovilla e Montiel (2007) quanto ao padrão de desenvolvimento da CF. Os pesquisadores demonstraram que crianças de 4-5 anos de idade têm desempenho inferior a crianças de 6-8 anos de idade em tarefas de rima.

Esses estudos usaram as médias como medida. É esperado que a média aumente com a escolarização, mas isso não quer dizer que a contribuição que a Consciência Fonológica faz para a leitura aumente também. A forma de verificarmos como a CF se comporta, é avaliando a contribuição da variância que faz. Isso foi o que fez Berninger et al. (2009), estudando crianças das primeiras séries do ensino fundamental, verificaram que a contribuição da Consciência Fonológica para a leitura diminuía com o aumento da escolaridade. Os autores coletaram dados de 241 crianças num estudo longitudinal. A primeira coorte foi testada na primeira, segunda, terceira e quarta séries e a segunda coorte foi testada na terceira, quarta, quinta e sexta séries, quando esse estudo foi concluído. Foram utilizadas tarefas de Consciência Fonológica, entre outras habilidades metalinguísticas e de escrita. Os resultados demonstraram que a contribuição da CF diminuía com as séries escolares. Landerl et al. (2019), no estudo já citado, encontraram resultados semelhantes.

Os resultados dos estudos que avaliam o desempenho em Consciência Fonológica com amostras brasileiras mostram que as médias tendem a melhorar com a escolaridade. É preciso verificar se, como no inglês, no português a contribuição da CF tenderá a diminuir ou se ela continuará a contribuir para a leitura. Ou seja, se a Consciência Fonológica tendeu a diminuir ou estabilizar com o avançar das séries escolares ou da maturidade na leitura.

1.4 O presente estudo

O presente estudo investigou a contribuição da Consciência Fonológica ao longo de três séries escolares. As séries escolares foram abordadas como variáveis moderadoras para analisar os efeitos da Consciência Fonológica na leitura de palavras. A variável dependente foi a precisão na leitura de palavras, que diz respeito à quantidade de palavras lidas de maneira correta na tarefa oferecida, no período de 30 segundos. Uma variável moderadora é uma variável que interfere na outra. Em outras palavras, se a série moderar a relação entre a Consciência Fonológica e a leitura, significa que para cada série a contribuição será diferente.

Participaram do estudo 207 crianças que pertenciam a 7 diferentes escolas do estado do Rio de Janeiro, entre públicas e privadas. No que tange à série em que estavam estudando, 67 (32,4%) no segundo ano, 63 (30,4%) no terceiro ano e 77 (37,2%) estavam no quarto ano. A idade dos participantes variou de 7 a 11 anos (M = 8,70; DP = 0,99).

O modelo de equação estrutural mostrou um efeito significativo para moderação da série que aluno cursava na relação das variáveis independentes com a variável dependente. Os resultados indicam que a série moderou a relação da Consciência Fonológica com a leitura, demonstrando uma relação mais fraca entre os alunos de séries mais altas.

1.5 Conclusões

O achado de que a contribuição da Consciência Fonológica se torna mais fraca em relação à leitura de palavras nas séries mais avançadas, pode ser atribuído ao fato de a CF ser muito importante para aquisição da decodificação. À medida que a criança avança nos processos de escolarização, já tendo consolidado seu reconhecimento e articulação entre letra e som, a necessidade desse componente tende a se estabilizar ou diminuir, tornando--se mais fracos nas séries mais altas (Carrillo, 1994; Oliveira et al., 2020). O aluno parece já alcançar um nível no qual utilizam-se estratégias de leitura mais complexas, ligadas à morfologia e à sintaxe, explicando, assim, o porquê a CF apresentaria correlação mais fraca ou estável, quando se investiga a leitura de palavras.

Cabe ressaltar que esses resultados estão em consonância com as principais teorias sobre o desenvolvimento da leitura de palavras, as de Frith (1985) e Ehri (1992). Não está no escopo deste capítulo revisá-los, mas é importante apontar que o padrão de resultados encontrados no processamento da Consciência Fonológica é consistente com o que se espera de uma habilidade que dá suporte à leitura no padrão de desenvolvimento proposto pelas autoras. Frith apresenta a aquisição de proficiência leitora em três níveis de avanço, em estágios, que ele chama de maturidade leitora, na qual a consolidação do terceiro estágio ocorre justamente em torno dos 7 aos 9 anos de idade. Nesses estágios, a criança progride de um período em que a escrita é logográfica para a alfabética e passa a utilizar ortografias mais complexas. O modelo de Ehri propõe que todas as palavras, quando praticadas, tornam-se lidas pela memória visual. É um modelo de fases similar ao de Frith, no que tange à progressão da compreensão do sistema alfabético de escrita, as crianças começam de um período em que não tem compreensão das relações entre letra e som (sistema alfabético de escrita) para fases de compreensão parciais desse sistema até a consolidação do conhecimento do sistema alfabético e a utilização de regras ortográficas mais complexas.

Nesse sentido, para as fases iniciais da aquisição da leitura, quando a criança está construindo o seu conhecimento do sistema alfabético, uma habilidade de refletir sobre os sons da fala (CF) mais forte também levará a uma maior habilidade de leitura, na medida em que essa habilidade se consolida, a Consciência Fonológica passa a ser menos importante.

1.6 Implicações educacionais

Investigações sobre como as habilidades metalinguísticas se desenvolvem podem favorecer a prática pedagógica dos profissionais da educação, uma vez que informam sobre quais habilidades são importantes para o desenvolvimento da leitura. Por exemplo, parece que realizar atividades para desenvolvimento da CF após as crianças já terem consolidado o aprendizado da escrita alfabética não faça sentido, já que essa habilidade não parece contribuir de forma importante para leitura nessa etapa em que a criança passa a utilizar estruturas mais complexas da língua.

Há necessidade de se refletir sobre as implicações pedagógicas dos achados e suas aplicações para as diferentes línguas de acordo com a transparência de cada uma. No caso do português, os trabalhos que visam o desenvolvimento da Consciência Fonológica parecem ser importantes para aquisição inicial da escrita. Nas séries posteriores, como veremos em capítulos subsequentes deste livro, outras habilidades metalinguísticas entram em jogo. A escola deve estar informada das habilidades facilitadoras da leitura e como se desenvolvem, para realizar práticas pedagógicas consistentes que de fato facilitem a aquisição da leitura de nossas crianças.

REFERÊNCIAS

Barrera, S. D., & Maluf, M. R. (2003). Consciência Metalingüística e Alfabetização: Um Estudo com Crianças da Primeira Série do Ensino Fundamental. *Psicologia: reflexão e crítica*, (16)3, 491-502.

Berninger, V., Abbott, R., Nagy, W., & Carlisle, J. (2009). Growth in Phonological, Orthographic, and Morphological Awareness in Grades 1 to 6. *Journal of psycholinguistic research*, 39, 141-63. DOI: 10.1007/s10936-009-9130-6

Bradley, L., & Bryant, P. (1993). Categorizing sounds and learning to read: a causal connection. *Nature*, (301)1, 419-421.

Bryant, P. E., & Bradley, L. (1987). *Problemas de leitura na criança*. Porto Alegre: Artes Médicas.

Byrne, B. (1995). Treinamento da consciência fonêmica em crianças pré-escolares: Por que fazê-lo e qual o seu efeito? In C. Cardoso-Martins (Org.), *Consciência Fonológica e alfabetização* (pp. 95-123). Petrópolis, RJ: Vozes.

Capovilla, A. G. S., & Capovilla, F. C. (1998a). Prova de Consciência Fonológica: Desenvolvimento de Dez Habilidades da Pré-Escola à Segunda Série. *Temas em Desenvolvimento*, (7)37, 14-20.

Capovilla, A. G. S., & Capovilla, F. C. (1998b). Treino de Consciência Fonológica de pré 1 a segunda série: efeitos sobre habilidades fonológicas, leitura e escrita. *Temas sobre Desenvolvimento*, 7(40), 5-15.

Capovilla, A. G. S., & Capovilla, F. C. (2000). Efeitos do treino de Consciência Fonológica em crianças com baixo nível sócio-econômico. *Psicologia: Reflexão e Crítica*, 13(1), 7-24.

Capovilla, F. C., & Capovilla, A. G. S. (2001). Compreendendo o processamento do código alfabético: como entender os erros de leitura e escrita de crianças surdas. In F. C. Capovilla, W. D. Raphael (Orgs.), *Dicionário enciclopédico ilustrado trilíngüe da Língua de Sinais Brasileira* (2a ed., Vol. II: Sinais de M a Z, 1497- 1516). São Paulo: Edusp e Imprensa Oficial.

Capovilla, A. G. S., & Capovilla, F. C. (2004). *Problemas de Leitura e Escrita: como identificar, prevenir e remediar, numa abordagem fonológica* (4a ed.). São Paulo: Memnon.

Capovilla, A. G. S., Dias, N. M., & Montiel, J. M. (2007). Desenvolvimento dos componentes da consciência fonológica no ensino fundamental e correlação com nota escolar. *Psico-usf*, 12(1), 55-64. DOI: doi.org/10.1590/S1413-82712007000100007

Cardoso-Martins, C. (1995). Sensitivity to rhymes, syllables, and phonemes in literacy acquisition in Portuguese. *Reading research quarterly*, 30(4), 808-828.

Cardoso-Martins, C., Correa, M. F., & Magalhães, L. F. S. (2010). Dificuldade específica de aprendizagem da leitura e da escrita. In L. F. Malloy-Diniz, D. Fuentes, P. Mattos, & N. Abreu (Eds.), *Avaliação Neuropsicológica* (pp. 460-479). Porto Alegre: Artmed.

Cárnio, M. S., Vosgrau, J. S., & Soares, A. J. C. (2017). The role of phonological awareness in reading comprehension. *Revista CEFAC*, 19(5), 590-600.

Carrillo, M. (1994). Development of phonological awareness and reading acquisition. *Reading and Writing*, 6(3), 279-298.

Coimbra, M. (1997). A habilidade metafonológica em crianças de cinco anos. *Letras de Hoje*, 32(4), 61-79.

Correa, J., & Mousinho, R. (2013). Por um modelo simples de leitura, porém não tão simples assim. In M. P. E. Mota, & A. Spinillo (Eds.), *Compreensão de textos* (pp. 77-100). São Paulo: Casa do Psicólogo.

Ehri, L. (1992). Re-conceptualizing the development of sight word reading and its relationship to recoding. In P. Gough, L. Ehri, & R. Treiman (Eds.), *Reading acquisition* (pp. 107-143). Hillsdale, NJ: Lawrence Erlbaum Associates.

Ehri, L. C. (2013). Aquisição da habilidade de leitura de palavras e sua influência na pronúncia e na aprendizagem do vocabulário. In M. R. Maluf & C. Cardoso Martins (Eds.), *Alfabetização no século XXI: como se aprende a ler e a escrever* (pp. 49-81). Porto Alegre: Penso.

Ehri, L. C., Nunes, S. R., Stahl, S. A., & Willows, D. M. (2001). Systematic phonics instruction helps students learn to read: Evidence from the National Reading Panel's meta-analysis. *Review of educational research, 71*(3), 393-447.

Freitas, P. M., Cardoso, T. da S. G., & Siquara, G. M. (2012). Desenvolvimento da consciência fonológica em crianças de 4 a 8 anos de idade: avaliação de habilidades de rima. *Revista Psicopedagogia,* 29(88), 38-45. Recuperado de http://pepsic.bvsalud. org/scielo.php?script=sci_arttext&pid=S0103-84862012000100006&lng=pt&tlng=pt

Frith, U. (1985). Beneath the surface of developmental dyslexia. In K. Patterson, J. Marshall, & M. Coltheart (Orgs.), *Surface dyslexia: Neuropsychological and cognitive studies of phonological reading* (pp. 301- 330). London: Erlbaum.

Gaiolas, M. S., & Martins, M. A. (2017). Conhecimento metalinguístico e aprendizagem da leitura e da escrita. *Análise Psicológica,* 35(2), 117-124.

Garton, A., & Pratt, C. (1989). *Learning to be literate: The development of spoken and written language.* Oxford: Basil Blackwell.

Godoy, D. M. A., & Cogo-Moreira, H. (2015). Evidences of factorial structure and precision of phonemic awareness tasks (TCFe). *Paidéia (Ribeirão Preto),* 25, 363-372.

Godoy, D. M. A., Fortunato, N., & Paiano, A. (2014). Panorama da Última Década de Pesquisas com Testes de Consciência Fonológica. *Temas em Psicologia,* 22(2), 313-328.

Gombert J. E. (1992). *Metalinguistic Development.* Hertfordshire: Harverster Wheatsheaf.

Gombert, J. E. (2003). Atividades metalingüística e aquisição da leitura. In M. R. Maluf (Org), *Metalinguagem e Aquisição da escrita* (pp. 19-64). São Paulo: Casa do Psicólogo.

Goswami, U., & Bryant, P. (1990). *Phonological skills and learning to read.* London: Erlbaum.

Guimarães, S. R. K. (2003). Dificuldades no Desenvolvimento da Lectoescrita: O Papel das Habilidades Metalinguísticas. *Psicologia: Teoria e Pesquisa,* 19(1), 033-045.

Landerl, K., Freudenthaler, H. H., Heene, M., De Jong, P. F., Desrochers, A., Manolitsis, G., & Georgiou, G. K. (2019). Phonological awareness and rapid automatized naming as longitudinal predictors of reading in five alphabetic orthographies with varying degrees of consistency. *Scientific Studies of Reading,* (23)3, 220-234.

Machado, M. D. S. D. M., & Maluf, M. R. (2019). Como evolui a compreensão da leitura em alunos do ensino fundamental. *Psicologia da Educação*, (49), 57-66.

Maluf, M. R., & Barrera S. D. (1997). Consciência Fonológica e linguagem escrita em Pré-escolares. *Psicologia: Reflexão e Crítica*, (10)1, 125-145.

Moojen, S., Lamprecht, R., Santos, R. M., Freitas, G. D., Brodacz, R., Siqueira, M., & Guarda, E. (2003). *CONFIAS-Consciência fonológica: instrumento de avaliação sequencial* (pp. 11-20). São Paulo: Casa do Psicólogo.

Morais, A. G. (2019). *Consciência Fonológica na Educação Infantil e no Ciclo de Alfabetização*. Belo Horizonte: Autêntica.

Morais, J. (1996). *A arte de ler*. São Paulo: Editora da Universidade Estadual Paulista.

Morais, J. (2013). *Criar leitores – Para professores e educadores*. Barueri: Manole.

Morais, J. (2014). *Alfabetizar para a democracia*. Barueri: Penso Editora.

Mota, M. M. E. P., & Castro, N. R. D. (2007). Alfabetização e consciência metalingüística: um estudo com adultos não alfabetizados. *Estudos de Psicologia (Campinas)*, 24(2), 169-179.

Oliveira, M., Levesque, K. C., Deacon, S. H., & da Mota, M. M. P. E. (2020). Evaluating models of how morphological awareness connects to reading comprehension: A study in Portuguese. *Journal of Research in Reading*, 43(2), 161-179.

Palinha, K. M., & Mota, M. M. P. E. (2019). O Papel da Home Literacy e da Educação Infantil no Desenvolvimento dos Precursores da Alfabetização. *Estudos e Pesquisas em Psicologia*, 19(3), 704-717.

Paula, G. R., Mota, H. B., & Keske-Soares, M. (2005). A terapia em Consciência Fonológica no processo de alfabetização. *Pró-Fono Revista de Atualização Científica*, 17(2), 175-184.

Paulino, J. (2009). *Consciência Fonológica Implicações na Aprendizagem da Leitura* [Dissertação de Mestrado, Faculdade de Psicologia e Ciências da Educação, Universidade de Coimbra, Coimbra].

Pfost, M., Blatter, K., Artelt, C., Stanat, P., & Schneider, W. (2019). Effects of training phonological awareness on children's reading skills. *Journal of Applied Developmental Psychology*, 65, 101067.

Phillips, B. M., Clancy-Menchetti, J., & Lonigan, C. J. (2008). Successful phonological awareness instruction with preschool children: Lessons from the classroom. *Topics in early childhood special education*, 28(1), 3-17.

Pinheiro, L., Correa, J., & Mousinho, R. (2012) A eficácia de estratégias de remediação fonoaudiológica na avaliação das dificuldades de aprendizagem. *Rev. Psicopedagogia*, 29(89), 215-25.

Rego, L. L. B. (1995). A relação entre a evolução da concepção de escrita da criança e o uso de pistas grafo-fônicas na leitura. In C. Cardoso-Martins (Org.), *Consciência fonológica & alfabetização* (pp. 69-100). Petrópolis: Vozes.

Santos, A. A. A. D., Ferraz, A. S., & Rueda, F. J. M. (2018). Relações entre a Compreensão de Leitura e as Habilidades Metalinguísticas. *Psicologia Escolar e Educacional*, 22, 301-309.

Santos, M. J., & Maluf, M. R. (2010). Consciência Fonológica e linguagem escrita: efeitos de um programa de intervenção. *Educar em Revista*, (38), 57-71.

Santos, M. T. M., & Pereira, L. D. (1997). Consciência fonológica. In Pereira, L. D., & Schochat E. *Processamento auditivo central: manual de avaliação*. São Paulo: Lovise.

Seymour, P., Aro, M., & Erskine, J. M. (2003). Foundation literacy acquisition in European orthographies. *British Journal of Psychology*, 94(2), 143-174.

Tunmer, W. E. (1990). The role of language prediction skills in beginning reading. *New Zealand Journal of Educational Studies*, 25(2), 95-114.

Wagner, R. K., Torgesen, J. K., Rashotte, C. A., Hecht, S. A., Barker, T. A., Burgess, S. R., Donahue, J., & Garon, T. (1997). Changing relations between phonological processing abilities and word-level reading as children develop from beginning to skilled readers: A 5-year longitudinal study. *Developmental Psychology, 33, 468-479.*

CAPÍTULO 2

HABILIDADES METALINGUÍSTICAS: AVANÇOS NAS PESQUISAS SOBRE CONSCIÊNCIA FONOLÓGICA E O PAPEL DA INSTRUÇÃO FÔNICA EXPLÍCITA E SISTEMÁTICA

Solange de Fátima Andreassa Di Agustini
Maria Regina Maluf

Introdução

No âmbito da abordagem fônica para o ensino e aprendizagem da linguagem escrita, o foco da instrução é baseado no código alfabético e suas correspondências sonoras presentes na linguagem falada. Faz-se importante ressaltar os diferentes conceitos relacionados à alfabetização baseada em evidências, frequentemente encontrados na literatura, que, embora façam parte do mesmo contexto instrucional, diferenciam-se entre: habilidades metalinguísticas preditoras da alfabetização que devem ser desenvolvidas e estratégias de instrução fônica do código alfabético a ser ensinado. Em suma, as habilidades preditoras relacionadas à consciência fonológica fazem parte de um conceito mais amplo que são as habilidades metalinguísticas.

O termo metalinguística é aqui explicado com base em Jean Émile Gombert (1992), que o entende como sendo a habilidade de refletir sobre a linguagem e seu uso de forma planejada, bem como de monitorar o seu processamento linguístico. Outrossim, demanda a capacidade de metacognição, que significa o conhecimento consciente implícito do indivíduo para planejar e regular de forma intencional o seu processamento cognitivo com foco em realizar um objetivo, por meio de um metaprocessamento cognitivo que possibilita esse acesso. As habilidades metalinguísticas dizem respeito aos diversos aspectos e acesso à linguagem, seja a partir da dimensão fonológica (metafonológica), sintática (metasintática), semântica (metasemântica) ou pragmática (metapragmática).

As crianças iniciam a aquisição implícita de conhecimentos sobre a linguagem escrita antes mesmo da instrução formal (Gombert, 2013). Esse desenvolvimento dependerá em certa medida da competência linguística precoce e das habilidades relativas ao processamento visual, associando essas configurações visuais à linguagem oral e às significações. Sobre essas bases, irão se desenvolver as aprendizagens implícitas, que são influenciadas pela sensibilidade fonológica (Gombert, 2013). Contudo, a aprendizagem da linguagem escrita exigirá o desenvolvimento da consciência explícita sobre a estrutura linguística, denominada como consciência ou habilidade metalinguística.

As habilidades metalinguísticas correspondem à capacidade de identificar e manipular intencionalmente os componentes fonológicos nas unidades linguísticas, i.e., a consciência fonológica (Gombert, 1992). A consciência fonológica é um construto amplo e com níveis hierárquicos de complexidade, tais como a rima, aliteração, sílabas e frases. Em um nível de maior complexidade, está a consciência fonêmica que é uma habilidade metalinguística que se situa no construto da consciência fonológica, mas acessada pelos fonemas que constituem a palavra falada. O desenvolvimento dessas habilidades é fundamental para a alfabetização e são explicativas do sucesso da aprendizagem inicial da leitura e da escrita.

As instruções explícitas com base na fônica possibilitam o desenvolvimento das competências metalinguísticas, desde as unidades mais salientes na corrente da fala, que são as palavras, até as mais complexas ou abstratas como os fonemas constituintes da palavra falada (Gombert, 2013). A consciência fonológica é uma habilidade metalinguística que oferece suporte para o processamento cognitivo da linguagem escrita e que precisa ser ensinada explicitamente de forma a subsidiar os alunos para a aprendizagem da leitura e da escrita. Ademais, para que as aprendizagens implícitas possam favorecer a automatização das capacidades metalinguísticas e de leitura (Gombert, 2013).

Para que seja possível a automatização de leitura de palavras (Ehri, 2020), o leitor precisará ter um bom desenvolvimento da linguagem oral que é base para a linguagem escrita, assim como desenvolver as habilidades metalinguísticas, ter conhecimentos que suportam esse processamento cognitivo, a saber, ter habilidade de realizar segmentação fonêmica, ter conhecimento das correspondências letra e som e os padrões ortográficos que ligarão a grafia completa de palavras às suas pronúncias e aos seus significados na memória para o reconhecimento da palavra com automaticidade. Dessa forma, os estudantes capazes de ler a maioria das palavras de um texto terão condições de compreender os significados, pois há uma diminuição do esforço cognitivo para a decodificação que passa a suportar a compreensão do que se lê (Kilpatrick, 2020).

Com vistas à importância do ensino explícito e sistemático baseado na fônica para a alfabetização inicial e para os casos em que existam dificuldades na aprendizagem da linguagem escrita, foi realizada uma revisão de literatura com o objetivo de verificar os avanços nas pesquisas sobre consciência fonológica e o papel da instrução fônica explícita e sistemática na alfabetização baseada na ciência cognitiva da leitura.

2.1 Método

Para a revisão, foi utilizada a base de dados *PsycINFO*, disponível na *APA PsycNET*. Inicialmente, foi realizada a busca dos termos indexados à palavra-chave *Phonics*, resultando em: *Initial Teaching Alphabet* e *Reading Education*. O procedimento de busca resultou em 214 publicações que passaram por uma análise dos títulos e palavras-chave para a seleção de artigos que atendessem ao objetivo da revisão. Foram incluídas 28 publicações oriundas da busca no intervalo de 2018 a 2022. A literatura científica foi classificada em quatro categorias e apresentada nesta ordem: 1) Instrução fônica explícita e sistemática; 2) Efeitos de intervenções baseadas na instrução fônica; 3) Tamanho da unidade linguística ou *grain size*; 4) Perda de leitura no verão *ou summer reading loss*.

2.2 Instrução fônica explícita e sistemática

A fônica pode ser definida como um estudo consciente e concentrado da relação entre sons e símbolos, ou seja, das relações entre som e letra. Nessa abordagem, os grafemas podem ser compostos de uma letra ou mais e são utilizados para representar os fonemas. Ainda, tem como objetivo ensinar a leitura e a escrita, baseando-se nos conhecimentos da fonética (Savage, Georgiou, Parrila, & Maiorino, 2018).

Há na abordagem fônica uma estrutura de informações que devem ser ensinadas explicitamente e sistematicamente, de forma a serem dominadas pelo aprendiz para que a alfabetização ocorra e o seu núcleo está nas correspondências grafofonêmicas. Assim, a fônica deve fazer parte de um programa abrangente de leitura, no qual as crianças possam utilizar os conhecimentos fônicos na leitura e na escrita; desse modo, considera-se como um meio de aprendizagem e não um fim (Savage, Georgiou, Parrila, & Maiorino, 2018).

A instrução fônica explícita e sistemática baseia-se no ensino da decodificação (ler) e da codificação (escrever) de palavras (Ehri, 2020). O foco inicial é o ensino da leitura de palavras, consideradas como uma unidade de significado, da qual são processadas todas as correspondências de letras e os seus sons para proceder com a leitura (Ehri, 2022).

O principal objetivo da fônica é possibilitar que as crianças aprendam as relações grafofonêmicas e as usem para reconhecer palavras de forma rápida e com precisão para que se torne possível ler com fluência, compreensão e escrever ortograficamente (Savage, Georgiou, Parrila, & Maiorino, 2018; Ehri, 2022). A leitura inicial é realizada pela decodificação de palavras, processo pelo qual ocorre a conversão da palavra impressa em língua falada utilizando as relações entre grafemas e fonemas (Ehri, 2020).

A instrução fônica explícita e sistemática favorece o desenvolvimento de habilidades fundamentais para a aprendizagem da leitura, além de contribuir para a compreensão do princípio alfabético que por sua vez é um fator-chave para a alfabetização. Nesse processo, há uma relação causal que favorece a consciência fonêmica, nas habilidades de segmentação e síntese fonêmica, conhecimento das convenções de escrita alfabética, decodificação de pseudopalavras e aquisição de vocabulário na memória lexical para que seja possível o reconhecimento automático de palavras ou por *sight word reading* (Ehri, 2022).

A consciência fonêmica é a capacidade de perceber e manipular intencionalmente a menor unidade de som que constitui a palavra, o fonema. É forte preditor da aprendizagem da leitura e da escrita. Conforme explicam Savage, Georgiou, Parrila e Maiorino (2018), a combinação do desenvolvimento da consciência fonêmica, a compreensão do princípio alfabético e a realização da instrução fônica são eficazes no ensino inicial da leitura, como um círculo virtuoso.

No enfoque da fônica, a decodificação de palavras, conforme explica Gomes (2021), significa a habilidade de converter uma informação escrita (*input*) na sua correspondência fonológica que favorece o reconhecimento de palavras. A aprendizagem da decodificação de palavras com um bom conhecimento fônico favorece o reconhecimento de palavras e pseudopalavras que serão automatizadas com a frequência de leitura formando um léxico mental. Ehri (2020) explica que a instrução fônica vai além do ensino de correspondências grafofonêmicas, assim os programas de instrução fônica devem incluir a prática e instrução de leitura de palavras dentro e fora de frases ou textos decodificáveis. Kilpatrick (2020) acrescenta que a definição de instrução fônica também engloba a abordagem que ensine o aluno a consolidar o léxico mental; para tal, deve ser ensinada explicitamente, além das relações letra e som, a manipulação dos sons nas palavras grafadas, usando atividades de ortografia que auxiliem na aprendizagem dos padrões do sistema de escrita.

No início do processo de aprendizagem da linguagem escrita, a criança deve receber instruções explícitas e sistemáticas, de forma clara e em uma sequência estabelecida do menor nível de complexidade para o maior, além de ensinar também como realizar a síntese ou fusão desses fonemas para que seja possível ler palavras (Ehri, 2020; Savage, Georgiou, Parrila, & Maiorino, 2018; Vale, 2021).

A instrução fônica sistemática centra-se no ensino do princípio alfabé-tico, ou seja, nas três aprendizagens basilares para a leitura e a escrita: as letras (nome e forma gráfica), a tomada de consciência dos fonemas e as relações entre os grafemas (letras ou grupo de letras) e os fonemas e que as palavras faladas são representadas por letras (grafemas) e esses sons se repetem em outras palavras, em posições diferentes e serão representados pelos mesmos grafemas, a depender das regras ortográficas. Esses conhecimentos devem ser ensinados explicitamente e em conjunto (Vale, 2021).

A denominação de uma abordagem de instrução fônica sistemática significa dizer que obedece a uma sistematização de ensino do mais simples ao mais complexo, com base nas evidências científicas da ciência cognitiva da leitura. Além disso, oferecer um ensino explícito é explicar minuciosamente e explicitamente as correspondências grafema e fonema, outrossim, "requer tarefas muito estruturadas, explicadas, modeladas e exemplificadas" (Leite, 2021, p. 328).

É importante considerar que, em um sistema de escrita que representa os fonemas da língua, o desenvolvimento da consciência fonêmica tem um papel fundamental para a decodificação (Ehri, 2020). Frisa-se que "aprender a ler é precisamente tornar-se capaz de, a partir da palavra escrita, recuperar de modo cada vez mais preciso e rápido a sua pronúncia" (Leite, 2021, p. 324).

Gomes (2021) alerta que, na ausência da instrução fônica explícita voltada ao desenvolvimento das habilidades de leitura e de escrita, os alunos provavelmente irão eleger estratégias compensatórias como utilizar pistas contextuais e visuais para ler palavras; isso os levará, de fato, à consolidação de suas dificuldades de aprendizagem. Essas dificuldades de aprendizagem, consolidadas por estratégias compensatórias equivocadas, dão origem ao *Efeito Mateus*, termo cunhado por Walberg, em 1983, para explicar que as dificuldades são realçadas, caso não haja uma intervenção adequada. Acrescenta-se que a precocidade das intervenções com utilização da instrução fônica explícita evitará que as estratégias ineficazes tenham que ser "desaprendidas" (Gomes, 2021, p. 247).

Dehaene (2012) explica que há uma relação causal e interação recíproca no aprendizado dos grafemas e fonemas, na qual aprender os grafemas possibilita chamar a atenção do aprendiz para a classe de sons; e a análise desses fonemas refina a correspondência grafofonêmica. Dehaene (2022) defende o princípio de progressão racional, i.e., sistematizar o ensino das relações grafema e fonema, de modo a ensinar das correspondências mais simples e mais frequentes às mais complexas e menos frequentes, as quais apresentam irregularidades, regras contextuais e fonemas que são representados por mais de uma letra, como os dígrafos. A aprendizagem da leitura progredirá do nível mais simples para o mais complexo, tanto no que se refere às correspondências grafofonêmicas mais regulares quanto à estrutura das sílabas mais simples para as mais complexas; igualmente avançará das palavras regulares e mais frequentes para irregulares e menos frequentes.

Ao contrário da linguagem falada em que a criança aprende por meio da vivência com outros falantes, a linguagem escrita precisa de instrução explícita, sistemática e direta das habilidades linguísticas, não bastando expor as crianças à escrita (Vale, 2021). Depreende-se que os sistemas de escrita codificam a linguagem oral, assim desenvolvendo representações abstratas dos fonemas, que são os sons da fala; dessa forma, aprender as suas correspondências é fundamental para fazer uso do código alfabético (Vale, 2021). A abordagem fônica é fundamental no início da aprendizagem da leitura em um sistema alfabético.

O sistema de escrita alfabético possui a característica de que grafemas representam fonemas, com características de correspondências biunívocas e outros que possuem mais de uma relação grafofonêmica. Assim, ensinar a forma, a fonologia e o significado, associados aos gestos articulatórios da produção dos fonemas, reforça o aprendizado da criança, com a atenção também voltada para a posição e a movimentação da boca, dos lábios, da língua, das vibrações e saídas de ar em diferentes áreas ao pronunciar o fonema (Sargiani, Ehri, & Maluf, 2018; Vale, 2021). Assim, as pistas fonoarticulatórias podem ser usadas como estratégia inicial para o desenvolvimento da consciência fonêmica e grafofonêmica. Crianças com melhor desempenho na percepção dos movimentos articulatórios utilizados na pronúncia de um fonema têm melhor desempenho nas habilidades que exigem a aprendizagem das correspondências grafofonêmicas (Sargiani, Ehri, & Maluf, 2018).

O treino regular de decodificação de palavras e pseudopalavras potencializa a aprendizagem da linguagem escrita. A frequência de leitura de palavras escritas e o exercício de decodificação torna o conhecimento das relações grafema-fonema cada vez mais sólido e, por isso, propicia a automaticidade (Kilpatrick, 2020; Vale, 2021). Essa prática leva ao reconhecimento automático de palavras que favorece a leitura e compreensão, diminuindo o esforço cognitivo empregado na leitura por decodificação, processo denominado por Ehri (2020, 2022) como *sight word reading*. Estudos revelam que uma palavra será incorporada no léxico mental via mapeamento ortográfico, a partir de um a quatro estímulos ou treinos de leitura com o reconhecimento da palavra (Kilpatrick, 2020).

Ehri (2020) explica que a "cola" para que a palavra seja armazenada na memória e assim reconhecida com automaticidade é a aprendizagem das correspondências grafofonêmicas e o mapeamento ortográfico. Mas enfatiza outras habilidades que sustentam a aprendizagem do reconhecimento automático de palavras (*sight word reading*), a saber, a segmentação fonêmica, relações letra-som, padrões ortográficos para a unitização da palavra em pronúncia, significado e ortografia. A instrução fônica sistemática possibilita que as palavras sejam grafadas e, na medida em que haja frequência na leitura e na escrita de palavras, essas se tornam passíveis de serem recordadas, o que se designa como memória ortográfica ou reconhecimento automático de palavras (Ehri, 2020; Kilpatrick, 2020).

A abordagem fônica sistemática mostra-se vantajosa na aprendizagem da leitura quando comparada à não sistemática, além de favorecer o reconhecimento de palavras e compreensão de leitura, especialmente quando se trata de crianças de nível socioeconômico desfavorecido, com poucas oportunidades de uso do português padrão na fala, com déficits nas habilidades preditoras e várias outras crianças que apresentam, precocemente, riscos de dificuldade de aprendizagem da linguagem escrita (Ehri, 2020; Kilpatrick, 2020; Vale, 2021).

Evidências demonstram efetividade do desenvolvimento da consciência fonológica e fonêmica aos leitores iniciantes, assim, recomenda-se fortemente que sejam desenvolvidas desde a educação infantil de forma divertida e lúdica para as crianças (Clayton, West, Sears, Hulme, & Lervåg, 2020). Esse desenvolvimento metalinguístico favorecerá a compreensão do princípio alfabético e a alfabetização inicial. Entretanto, a fônica deve continuar sendo utilizada como prática em sala de aula nos anos subsequentes de escolarização, de acordo com a necessidade das crianças em relação à fluência de leitura e escrita. Acrescenta-se também que a fônica oferece suporte para a compreensão de texto, pois possibilita a automatização de reconhecimento de palavras e a diminuição da carga de processamento cognitivo, favorecendo a atenção, a compreensão e o deleite da leitura (Savage, Georgiou, Parrila, & Maiorino, 2018).

Em síntese, a instrução fônica explícita e sistemática envolve o ensino direto e intencional pelo professor; trata-se de instrução estruturada e sistematizada, na qual a sequência de ensino se inicia das relações mais simples às mais complexas, das mais regulares para as mais irregulares, assim tornando o aluno gradativamente capaz de ler e escrever autonomamente qualquer palavra, chegando às sentenças e textos. Vale (2021) destaca três características da instrução fônica explícita e sistemática que devem ser consideradas no início da alfabetização: a) acessibilidade dos fonemas, ou seja, iniciar com os fonemas mais acessíveis e que são prolongáveis na fala; b) a complexidade dos grafemas, iniciando pelos mais simples para os mais complexos que são os encontros consonantais e dígrafos, por exemplo; c) a estrutura silábica.

Há diferentes tipos de fônica, a saber: a fônica sintética, fônica analítica, fônica embutida (*embedded phonics*), fônica por analogia (*analogy phonics*) (Castles, Rastle, & Nation, 2018; Vale, 2021).

Na fônica sintética, a instrução parte das menores unidades (letra--som) às maiores: palavra — frase — texto (*part-to-whole*), ensinando as correspondências entre grafemas e fonemas e realizar a síntese dos fonemas para decodificar uma palavra. Podem ser utilizados pequenos textos decodificáveis, mas com o objetivo de treinar o reconhecimento de palavras e a leitura. A instrução fônica explícita e sistemática se enquadra na fônica sintética (Castles, Rastle, & Nation, 2018; Ehri, Nunes, Stahl, & Willows, 2001; Savage, Georgiou, Parrila, & Maiorino, 2018; Vale, 2021).

A fônica analítica evita que as crianças pronunciem sons isoladamente e ensinam os fonemas após a palavra ser identificada. Por exemplo, ensinam a letra-som P /p/, auxiliando o estudante a ler e reconhecer palavras que começam com o fonema-alvo e depois escrevem outras palavras (Castles, Rastle, & Nation, 2018; Ehri, Nunes, Stahl, & Willows, 2001; Savage, Georgiou, Parrila, & Maiorino, 2018; Vale, 2021). As demais são: a fônica por meio de programas de ortografia, que ensina a representar fonemas em palavras, ou seja, a codificação.

A fônica embutida ensina as correspondências grafofonêmicas em conjunto com dicas de contexto para reconhecer palavras no texto. É encontrada em algumas classes de *whole-language*. Outro tipo de fônica é baseado em ensino multissensorial, e.g., o *Orton-Gillingham Program*, que utiliza o pareamento de letra-som, estimulando outros canais sensoriais, além da visão e audição, como o cinestésico e o tátil (Castles, Rastle, & Nation, 2018; Ehri, Nunes, Stahl, & Willows, 2001).

A fônica por analogia ensina as crianças a usarem partes de palavras escritas que já conhecem para identificar novas palavras, por exemplo, utiliza-se algumas palavras-chave para que a criança por analogia consiga ler outras, tais como pato, gato, rato; e os programas fônicos híbridos utilizam mais de uma abordagem da fônica.

Ehri (2020) considera algumas diferenças importantes entre programas baseados na fônica, que é o fato de que a fônica sistemática ensina todas as principais correspondências entre letras e sons em uma sequência estabelecida da menor complexidade para a maior, e os demais programas não seguem necessariamente essa condição, podendo muitas vezes não abordar todas as correspondências grafofonêmicas. Já a fônica não sistemática ensina as correspondências na medida em que entendem que surge a necessidade de ensinar as correspondências grafofonêmicas, incorporando algum exercício nas práticas. Desse modo, as instruções fônicas não são frequentes ou regulares.

Robustas evidências publicadas em metanálises (McArthur et al., 2018; National Reading Panel, 2000) verificaram os efeitos e a importância da instrução fônica sistemática para a aprendizagem da leitura e da escrita. A instrução fônica sistemática é estruturada em uma sequência e escopo determinados de ensino dos fonemas que devem ser inseridos em um programa baseado na abordagem fônica, dos mais regulares e menos complexos para os mais irregulares e, portanto, mais complexos. Compreende-se que esse modelo de aprendizagem vai gradativamente instrumentando a criança a ler palavras, de acordo com os níveis de complexidade aos quais ela já foi apresentada (Ehri, 2020, 2022).

O estabelecimento de uma sequência de ensino de fonemas está relacionado ao ramo de conhecimento da fonética articulatória (Savage, 2015), a qual estuda como os sons são produzidos a partir da fala. O desenvolvimento da consciência de que a fala promove sensações na parte física do corpo auxilia na aprendizagem das correspondências grafofonêmicas e possibilita diferenciar por exemplo os sons vocais que são mais simples e a relacioná-los com os grafemas. Desse modo, possibilita auxiliar na percepção de que as letras representam os sons, ou seja, na compreensão do princípio alfabético. Quando se pronuncia as vogais, o som é produzido sem barreiras e o ar sai livremente da boca; as vogais são assim, mais simples na aprendizagem das relações letra e som. Já as consoantes possuem diversas interferências dessa saída do fluxo de ar, promovendo barreiras na articulação, por exemplo, os fonemas das consoantes plosivas /b/, /t/, /d/, /k/ e /p/ (Vale, 2021).

O ato de falar produz sensações físicas, tais como vibrações na laringe, como no caso das consoantes denominadas como fricativas vozeadas, como o grafema V e fonema /v/, que têm a pronúncia mais contínua *"vvvvvv"* e por isso é mais perceptível às crianças para relacionar o som com o grafema. Outras consoantes não produzirão vibrações na laringe, como a fricativa desvozeada /f/, que também é contínua, mas não vibra. Assim, para demonstrar a diferença entre o fonema surdo e sonoro /f/ e /v/, pode-se ensinar a criança a sentir ao tocar gentilmente a laringe a vibração que ocorre (Castles, Rastle, & Nation, 2018; Savage, 2015).

Savage (2015) explica que a pronúncia de consoantes é realizada com obstáculos do fluxo de ar do trato vocal. Além disso, há diferentes pontos de articulação da boca, lábios e dentes, modo de articulação e o fato de a consoante ser vozeada (promove vibrações na laringe) ou desvozeada (não vibra a laringe). Conforme as crianças vão aprendendo as relações som-símbolo das mais simples às mais complexas, pode-se inserir instrução de elementos fônicos, os quais são denominados como mais complexos, tais como: dígrafos consonantais, encontros consonantais, letra sem som, dígrafos vocálicos quando duas letras que representam um só som, por exemplo, a palavra campo, ditongos e sílabas mais complexas.

A eficácia da instrução de consciência fonêmica associada aos gestos articulatórios se baseia na teoria motora da percepção da fala (Boyer & Ehri, 2011; Dehaene, 2022; Sargiani, 2022; Sargiani, Ehri, & Maluf, 2018). Cada fonema produz um movimento fonoarticulatório linguisticamente especializado e a compreensão dos sons demonstra estar fortemente relacionada à associação com esse movimento (Boyer & Ehri, 2011; Sargiani, Ehri, & Maluf,

2018; Savage, 2015). Os fonemas que são produzidos na corrente da fala são possíveis a partir de uma série de movimentos linguísticos fonoarticulatórios especializados, os quais representam de forma invariante os fonemas produzidos na pronúncia de palavras (Boyer & Ehri, 2011; Sargiani, Ehri, & Maluf, 2018).

Pollo (2021) sinaliza para uma série de importantes instruções explícitas e sistemáticas que as crianças devem receber no início da alfabetização. Tais como: as letras e sons possuem correspondências sonoras, ainda que algumas letras sejam representadas por mais de um fonema e alguns fonemas representem mais de uma letra. Por isso, é fundamental iniciar a instrução fônica com as correspondências mais simples e biunívocas, especialmente os fonemas que na pronúncia são contínuos, por exemplo, os fonemas /f/ e /v/. Entretanto, outras instruções são necessárias durante o processo de alfabetização inicial, como ensinar a criança que nem todas as letras podem ocupar qualquer espaço indiscriminadamente dentro da palavra, saber também que uma letra pode se repetir em diferentes palavras e dentro de uma mesma palavra, mas não se repetem em seu início. As diversas formas gráficas das letras também devem ser apresentadas para que consigam compreender que, apesar das diferentes formas, possuem o mesmo som.

A estrutura silábica do português brasileiro apresenta diversas composições de padrões silábicos, a formação canônica consoante-vogal (CV) e outras como a combinação V, VC, CVC, CCV, CVCC (Pollo, 2021). A variação de combinações é determinada pela regra ortográfica de uma língua. Pollo (2021) discute algumas questões sobre a fonologia e ortografia do português brasileiro, observando como esses sons são representados no sistema de escrita. No idioma português brasileiro, há oito sons em que as correspondências são de um para um, ou seja, biunívocas, a saber, /b/, /d/, /f/, /p/, /t/, /v/, /lh/, /ch/, respectivamente representados pelos grafemas consonantais b, d, f, p, t e v e os dígrafos lh e nh. Essa é uma justificativa da razão pela qual a instrução fônica deve ser sistemática, começando das correspondências mais simples para as mais complexas e irregulares (Pollo, 2021).

Apesar de precocemente muitas crianças adquirirem algumas habilidades de reconhecer sons, como as rimas, por exemplo, para que essas habilidades sejam transferidas para a leitura e a escrita é necessário o desenvolvimento da consciência fonológica, ou seja, pensar e manipular intencionalmente os segmentos sonoros da linguagem para que tais habilidades fundamentem a aprendizagem da leitura e da escrita através da decodificação e codificação (Pollo, 2021; Vale, 2021).

Há um conjunto vasto de evidências de pesquisas de que a consciência fonológica, fonêmica e conhecimento de letras (forma gráfica, nome e som) são alguns dos principais preditores da aprendizagem da leitura e da escrita e a instrução fônica explícita desenvolve essas habilidades basilares e explicativas do sucesso da aprendizagem da leitura e da escrita (Ehri, 2020; Sargiani, Ehri, & Maluf, 2018; 2021; Savage, Georgiou, Parrila, & Maiorino, 2018; Silva, 2021; Vale, 2021). O desenvolvimento inicial da leitura depende das habilidades de domínio fonológico, desse modo, os déficits nessas habilidades relacionam-se causalmente às dificuldades na aprendizagem da leitura e da escrita (Clayton, West, Sears, Hulme, & Lervåg, 2020; Sargiani, 2022). A seguir, serão apresentadas evidências de pesquisas sobre os efeitos de intervenções baseadas na fônica.

2.3 Efeitos de intervenções baseadas na instrução fônica

A literatura científica contribuiu para a compreensão da eficácia e da importância de intervenções baseadas na instrução fônica sistemática para a aprendizagem inicial da linguagem escrita e para casos de remediação em relação às dificuldades que possam surgir nesse processo (Begeny, 2019; Bratsch-Hines, Vernon-Feagans, Varghese, & Garwood, 2017; Borleffs, Glatz, Daulay, Richardson, Zwarts, & Maassen, 2018; Ehri, Nunes, Stahl, & Willows, 2001; Gonzalez-Frey & Ehri, 2020; Partanen, Siegel, & Giaschi, 2019).

Ehri, Nunes, Stahl e Willows (2001) analisaram 38 estudos do *National Reading Panel* (2000) referentes à instrução fônica sistemática com o objetivo de verificar se havia evidências de pesquisas experimentais que confirmassem se esse método de instrução é mais eficaz no ensino da leitura do que as instruções não fônicas ou não sistemáticas que incluem pouca ou nenhuma fônica. Além disso, buscaram identificar se a instrução fônica é mais eficaz em determinadas circunstâncias e para um perfil de aluno mais que outro. Os resultados da revisão demonstraram que a instrução fônica é mais eficaz no ensino da leitura do que os métodos não fônicos e os não sistemáticos.

Os benefícios da instrução fônica sistemática atingem todos os perfis de alunos, inclusive as crianças das camadas populares que em alguns casos iniciam a alfabetização com alguns déficits nos preditores da aprendizagem da leitura. Desse modo, a instrução fônica pode ser usada como método de remediação para crianças com dificuldades de aprendizagem da leitura e da escrita. Apontam também que a instrução fônica tem efeitos mais significantes nos anos iniciais da alfabetização e que isso ocorre em função das mudanças de estratégias de leitura que as crianças atingem com a consolidação do léxico mental, o que favorece a automaticidade da leitura, demandando a decodificação apenas para palavras desconhecidas ou pseudopalavras (Ehri, Nunes, Stahl, & Willows, 2001).

O experimento de Gonzalez-Frey e Ehri (2020) avaliou efeitos de intervenção de treino de decodificação de palavras, por meio de três experimentos com crianças da pré-escola (M = 5,6 anos). As evidências sugerem que as crianças demonstraram maior facilidade na aprendizagem de leitura de palavras com instrução de fonemas prolongáveis na corrente da fala, sem pausas, pois são capazes de sintetizar e pronunciar a palavra. Com base nessas evidências compararam dois métodos de instrução de decodificação de pseudopalavras, síntese e segmentação fonêmica. O tratamento de fonação segmentada ensinou os estudantes a converterem grafemas em fonemas quebrando na corrente da fala ("sss - aaa - nnn") antes de realizar a síntese fonêmica. No tratamento de conexão fonêmica ensinado, as crianças deveriam pronunciar fonemas de forma prolongável na corrente da fala (ssssaaannn), i.e., sem parar a pronúncia. Após aprenderem essa tarefa tinham que decodificar palavras com estrutura silábica CVC com consoantes prolongáveis na corrente da fala. Os resultados mostraram que a síntese fonêmica com sons prolongáveis e sem pausa facilitou a aprendizagem da decodificação, bem como leitura com precisão de pseudopalavras, garantindo, assim, a transferência de conhecimento fonêmico para a leitura (Gonzalez-Frey & Ehri, 2020).

A instrução fônica sistemática é recomendada para a alfabetização inicial, entretanto, também é indicada para alunos com déficits em leitura e escrita, conforme pesquisa de Wheldall, K., Bell, Wheldall, R., Madelaine, Reynolds e Arakelian (2019), na qual realizaram intervenções com 239 alunos australianos do 3º aos 6º anos que apresentavam dificuldades em leitura e foram considerados leitores de baixo progresso após a realização de testes. Para a intervenção, foi aplicado o programa MacqLit (Programa de Alfabetização Macquarie para Pequenos Grupos-MultiLit), o qual utiliza a fonética e foi construído para atender leitores mais velhos e com dificuldade em leitura a partir do 3º ano. O conteúdo desse programa de instrução de leitura oferece lições que visam desenvolver a consciência fonêmica com atividades da fônica sintética, o reconhecimento de palavras, fluência, vocabulário e compreensão. Ainda conforme Wheldall et al. (2019), todos os resultados apurados demonstraram crescimento das variáveis medidas de precisão da leitura de palavras e pseudopalavras, textos, ortografia e compreensão de leitura.

Nas intervenções com base na fônica, podem ser incluídos recursos tecnológicos que dão apoio ao desenvolvimento das habilidades fonológicas, como o *Graphogame* construído com base em evidências. A investigação de Borleffs, Glatz, Daulay, Richardson, Zwarts e Maassen (2018) analisou a eficácia da utilização desse aplicativo para intervenção com 69 crianças do 1º ano com baixas habilidades fonológicas. Os resultados do pós-teste demonstraram que quanto mais baixo o desempenho inicial apurado, maior o resultado no pós-teste. Esse aplicativo, *Graphogame,* está disponível gratuitamente para a utilização no idioma português brasileiro.

Em um estudo experimental com 6 alunos do 3º ano de uma escola na Costa Rica e com idade média de 9,6 anos, que apresentavam dificuldades em leitura, selecionados a partir de uma avaliação inicial com todos os alunos do mesmo ano escolar, Begeny (2019) buscou investigar se a intervenção em fluência em leitura individual e em pequenos grupos de três alunos seria mais eficaz comparando com o grupo controle. Verificou os dois modelos de intervenção, individual ou pequenos grupos em relação um ao outro. Ainda, investigou relatos dos alunos quanto à aceitação das intervenções, se apresentaram um comportamento positivo em relação às atividades, pois, conforme afirma Begeny (2019), há correlação entre o desempenho dos alunos e o seu engajamento durante as intervenções. A intervenção teve duração de 10 minutos e foi feita em 10 semanas, em cada modalidade de intervenção, individual ou em pequenos grupos. Foram utilizadas estratégias baseadas em evidências científicas, a saber: leitura repetida, modelagem da leitura pela aplicadora, correção sistemática de erros, feedback do desempenho, procedimento motivacional e uma breve história recontada. Concluiu que alguns alunos podem se beneficiar mais da intervenção individual em comparação com os pequenos grupos, mas comparando o resultado dos dois grupos, os pequenos grupos também demonstraram aproveitamento e beneficiaram-se das intervenções igualmente.

A literatura científica demonstra que alunos com dificuldades de aprendizagem de leitura se beneficiam de intervenções de instrução explícita de decodificação, ampliação de vocabulário a partir da frequência de leitura de palavras, modelagem e treinos repetidos de leitura, além de atividades que convidam o aluno a responder a questões sobre os textos oralmente e por escrito, com *feedback* corretivo. Essas são estratégias que levam os alunos a se tornarem bons leitores, conforme afirmam Bratsch-Hines, Vernon-Feagans, Varghese e Garwood (2017).

Partanen, Siegel e Giaschi (2018) afirmam que crianças com dificuldade de leitura têm diferenças na função cerebral comparadas aos bons leitores, mas que intervenções em leitura promovem modificações no cérebro observadas com o imageamento por ressonância magnética funcional (fMRI). A investigação analisou as modificações cerebrais, comparando os bons e maus leitores, a partir dos efeitos de intervenção utilizando tarefas de ortografia (soletração) e fonologia (rima) antes e depois de três meses de ensino realizadas na escola, com 37 alunos típicos da faixa etária entre 8 e 9 anos. Os resultados indicaram que os efeitos da intervenção podem ser mais evidentes em tarefas fonológicas do que nas tarefas de ortografia e que esses efeitos foram alterados de acordo com a dificuldade da tarefa.

As evidências científicas de pesquisas de intervenção para o desenvolvimento da consciência fonológica sugerem um vínculo causal entre a consciência fonológica e o sucesso na aprendizagem da leitura.Ehri (2020) enfatiza que os alunos precisam aprender com a instrução fônica certas habilidades linguísticas fundamentais para a compreensão do princípio alfabético e o conhecimento do sistema de escrita alfabético, a saber: consciência fonêmica, em especial, a segmentação e mistura/fusão de fonemas para decodificação de palavras, conhecer os nomes das letras, as suas formas gráficas (bastão e imprensa e cursiva, em maiúscula e minúscula) e aprender as correspondências grafema e fonema por meio da instrução fônica para que seja possível a leitura e a escrita. Essas habilidades devem fazer parte de um programa de intervenção.

2.4 Teoria do tamanho da unidade linguística ou *Grain Size Theory*

No campo do desenvolvimento da leitura, há um debate sobre a granularidade da grafia e da fonologia como base para a instrução inicial da leitura, as quais baseiam-se no tamanho do grão linguístico, ou seja, a teoria das unidades menores (fonemas) (Sargiani, Ehri, & Maluf, 2018) e a teoria das unidades maiores linguísticas (sílabas) (Ziegler & Goswami, 2005).

A literatura que versa sobre mapeamento ortográfico dispõe de evidências para a validade da teoria da granularidade, ou seja, o tamanho da unidade de linguagem utilizada para o ensino fonético no início da alfabetização pode apresentar correlação com a profundidade da grafia para grãos menores, grãos maiores ou mistos para o ensino inicial da leitura para crianças. Conforme explicam Ziegler e Goswami (2005), a questão do tamanho do grão ou granularidade da unidade linguística reflete o fato de que, quando a estratégia se baseia em grãos maiores, haverá muito mais unidades ortográficas para serem aprendidas do que no caso da utilização da estratégia de grãos menores como a decodificação grafema-fonema. Entretanto, a utilização do tamanho do grão dependerá da consistência e profundidade ortográfica do sistema de escrita a ser aprendido. Explicam que os leitores iniciantes irão se confrontar com três problemas a serem superados para aprender a leitura, a saber, a disponibilidade fonológica, a consistência ortográfica e a granularidade dos mapeamentos ortográficos, pois nesse último caso as unidades ortográficas podem ter pronúncias múltiplas e as unidades fonológicas podem apresentar ortografias diversas.

Sargiani, Ehri e Maluf (2018) realizaram um experimento com 90 crianças brasileiras que frequentavam a pré-escola para examinar se os leitores emergentes se beneficiariam mais da instrução com mapeamento ortográfico baseado na menor unidade linguística — o fonema —, do que com base nas sílabas; e verificar se a adição de gestos articulatórios ao treino com mapeamento fonêmico resultaria em melhores resultados; houve um quarto grupo, de controle, ou seja, sem instrução em mapeamento fonêmico. Os achados revelaram que o grupo ao qual foi ensinado mapeamento ortográfico com base no fonema juntamente com gestos articulatórios da boca superou os outros grupos em segmentação fonêmica, em escrita e em leitura. Novos dados foram coletados dos mesmos grupos um ano e meio mais tarde e revelaram que só o grupo que exercitou mapeamento ortográfico com fonemas associados a imagens de bocas realizando movimentos fonoarticulatórios lembrou como segmentar palavras em fonemas. O estudo sustenta a hipótese da superioridade do ensino das menores unidades linguísticas, isto é, dos fonemas, sobre o ensino das sílabas, para a alfabetização em português brasileiro.

Outro experimento realizado para o caso da ortografia do idioma português brasileiro (Sargiani, Ehri, & Maluf, 2021) contrasta as duas teorias de instrução de decodificação para alunos iniciantes, o método grafossilábico para instrução de decodificação de sílabas inteiras (*whole-syllable decoding, doravante WSD*) e a decodificação grafofonêmica (*grapheme-phoneme decoding, doravante GPD*). Buscaram responder qual das duas teorias de instrução é mais eficaz e determinar qual o tipo de unidade linguística (sílaba ou fonema) é mais representativa da escrita quando crianças estão iniciando o processo de aprendizagem de decodificação de palavras. Além disso, o estudo verificou a transferência desse treino para a consciência fonêmica, resultado da leitura e da ortografia.

Participaram da pesquisa (Sargiani, Ehri, & Maluf, 2021) 60 crianças do primeiro ano, dentro da faixa etária de 5 anos e 11 meses a 7 anos, de famílias de média e baixa renda de uma escola pública, as quais foram selecionadas com base em critérios de qualificação para o estudo, a saber: serem classificadas na fase de desenvolvimento de leitura pré-alfabética; capacidade de nomear 15 letras maiúsculas; capacidade limitada de leitura de no máximo duas palavras; audição, visão normais e sem transtornos do neurodesenvolvimento. Os participantes foram divididos em três grupos: o grupo de decodificação grafema-fonema (*GPD*) treinados a partir das subunidades para decodificar sílabas; o segundo grupo foi ensinado a decodificar as sílabas inteiras como unidades (*WSD*) e o terceiro grupo (*individual grapheme–phoneme, doravante IGP*), utilizado como controle, para o qual foram ensinados os grafemas e fonemas individuais, porém não a decodificação de sílabas nem a fusão de fonemas.

O delineamento da pesquisa experimental foi realizado em três etapas: pré-teste, treino e pós-teste. As intervenções de treino foram realizadas individualmente pelo primeiro pesquisador com duração de 5 a 20 minutos. Procedeu-se com 4 a 6 sessões sucessivas de treinamento, até que cada criança conseguisse realizar a leitura das sílabas dos conjuntos constituintes do instrumento, a saber: conjunto 1: SA, SE, SI, SU, ME, MI, MO, UM; 2: FA, FE, FO, FU, ZE, ZI, ZO, ZU; 3: VA, VI, VO, VU, LA, LI, LO, LU; 4: BA, BE, BI, BO, TA, TE, TO, TU; e o 5: DA, DE, DI, DU, PA, PE, PI, PO. Sumarizando, os três tipos de tratamento para os grupos foram: decodificar sílabas com unidades grafofonêmicas, ler as sílabas inteiras e ensinar relações grafema-fonema simples, mas sem a instrução para a decodificação. O pós-teste foi realizado um dia após o último treino e um pós-teste adicional após uma semana com o objetivo de medir a memória ortográfica. As hipóteses centravam-se em testar as teorias das unidades menores linguísticas em relação às maiores no desenvolvimento inicial da leitura e a hipótese da ponte silábica.

Os resultados apontaram que o ensino de decodificação de sílabas por meio da correspondência grafema e fonema (*GPD*), menores unidades linguísticas, foi mais eficaz do que a instrução de sílaba inteira, por unidades maiores. Ainda, favoreceu a memória fonológica para decodificação de pseudopalavras, possibilitou os alunos lerem palavras, pseudopalavras, escreverem palavras e favoreceu o desenvolvimento da consciência fonêmica (Sargiani, Ehri, & Maluf, 2021). Os achados revelaram um forte efeito de poder de transferência em função dos treinos de correspondência grafema e fonema para as habilidades de leitura de palavras e pseudopalavras multissilábicas, apesar de não terem recebido esse tipo de instrução, específico de leitura. Os resultados indicaram desempenho muito superior para o grupo que recebeu instrução grafofonêmica (*GPD*) em relação aos outros dois grupos. Durante o treino, aprenderam a ler sílabas muito mais depressa, após a finalização da intervenção ficou evidenciada a aprendizagem de leitura de palavras por reconhecimento automatizado de palavras (*sight word Reading*), além de terem transferido as habilidades aprendidas para a leitura de palavras multissilábicas. O grupo que recebeu a instrução grafossilábica (*WSD*) produziu menos transferência e aprendeu poucas ou nenhuma subunidade de grafema-fonema; não aprenderam nenhuma relação grafofonêmica, ainda que tenham demonstrado conhecer os nomes das letras. O terceiro grupo (*IGP*) transferiu algum conhecimento para a segmentação e mistura de fonemas, mas com desempenho menor que o *GPD*.

Os resultados encontrados por Sargiani, Ehri e Maluf (2021) corroboram a literatura (Boyer & Ehri, 2011; McDaniel, McLeod, Carter, & Robinson, 2017; National Reading Panel, 2000), no que diz respeito à efetividade da instrução fônica, ou seja, a partir da menor unidade grafema-fonema, e não a partir da maior unidade, que é a sílaba. Assim, os resultados dessas pesquisas apontam que é mais efetivo aprender a ler e a escrever palavras quando a instrução do mapeamento ortográfico se dá com foco na menor unidade linguística que é o fonema, do que nas unidades maiores que são as sílabas.

Por outro lado, algumas pesquisas realizadas em ortografias mais opacas, como a língua inglesa, encontram resultados diferentes, como o caso da pesquisa de Vadasy e Sanders (2021), que afirmam que a teoria do tamanho do grão sugere que em ortografias com maior profundidade e mais opacas os leitores tendem a se amparar em unidades sublexicais maiores de duas ou mais letras, que muitas vezes representam um fonema, como o exemplo do inglês na pesquisa de Vadasy e Sanders (2021).

Vadasy e Sanders (2021) buscaram examinar duas características da instrução fônica, as quais influenciam como as crianças são introduzidas na aprendizagem da leitura em inglês: a taxa de introdução de correspondências alfabéticas e o tipo de correspondência grafofonêmica. Investigaram em uma amostra de 69 crianças da pré-escola e do primeiro ano com menos habilidades de literacia se o ensino de correspondências grafema-fonema de grãos mistos (tamanho dos grãos) capacitaria a transferência de habilidades de correspondência grafema-fonema e de tamanho de grão misto altamente frequentes e consistentes para decodificação inicial e ortografia, que no caso da ortografia inglesa é considerada altamente opaca e irregular. Quando em um sistema de escrita alfabética uma letra é muitas vezes pronunciada de formas diferentes em palavras diferentes, a escrita é considerada opaca ou inconsistente. Entretanto, seja a ortografia da mais opaca à mais transparente, a aprendizagem inicial da linguagem escrita inicia-se com o ensino explícito dos nomes e sons das letras do alfabeto. Outra questão refere-se à sequência em que as correspondências grafema e fonema devem ser ensinadas, ou seja, partir das relações mais simples às mais complexas (Vadasy & Sanders, 2021).

O delineamento da pesquisa de Vadasy e Sanders (2021) foi a partir de dois estudos exploratórios para examinar se as crianças ao receberem instruções explícitas de correspondências grafema e fonema de grãos mistos transferiram para a decodificação e ortografia esses conhecimentos. Desse modo, na primeira etapa do estudo foi avaliada a taxa de introdução de correspondências letra e som para as crianças da pré-escola. Assim, foi possível estabelecer a melhor taxa de ensino de grafema e fonema para a segunda fase da pesquisa na qual o objetivo era comparar a instrução fonêmica de tamanhos de grãos simples ou mistos. As sessões de intervenção foram realizadas individualmente com as crianças por tutores treinados, com duração de 20 minutos, 4 dias por semana e duração total de 5 semanas.

Como resultado, no estudo 1 (Vadasy & Sanders, 2021), identificaram que os alunos aprenderam melhor a partir de um conjunto de correspondências grafema-fonema de tamanhos mistos, inseridos considerando a taxa rápida, na ordem de três letras novas por semana. Esses dados foram utilizados para o estudo 2 (Vadasy & Sanders, 2021), no qual concluíram, ao comparar o aprendizado de um conjunto de 15 correspondências de uma letra e outro grupo de 15 correspondências de várias letras, que as crianças de ambos os grupos aprenderam tanto as correspondências de uma letra quanto de duas letras. No entanto, foram encontradas vantagens para o grão misto (unidade mista), pois as descobertas sugeriram que as crianças que receberam instrução mista foram mais capazes de transferir suas instruções sobre as correspondências grafema-fonema para tarefas de decodificação, leitura de palavras e ortografia. Os autores afirmam que correspondências grafema-fonema de duas·letras, no caso da ortografia do inglês, podem ser mais facilmente aprendidas do que as de uma única letra, por exemplo, os de sons contínuos como ee, oo, sh, ai.

A partir da literatura, compreende-se que a menor unidade linguística, o fonema, facilita a aprendizagem da linguagem escrita, favorecendo a autonomia e transferência de conhecimento das relações grafofonêmicas para a leitura e escrita de novas palavras e pseudopalavras (Ehri, Nunes, Stahl, & Willows, 2001; Sargiani, Ehri, & Maluf, 2018; Sargiani, Ehri, & Maluf, 2021).

2.5 Perda de leitura no verão (*Summer Reading Loss* ou *Summer Slide*)

Evidências científicas comprovam que o período em que as crianças não estão frequentando a escola, e.g., durante as férias, é um espaço temporal crítico para fase inicial de aprendizagem da linguagem escrita. Além disso, os estudantes que lutam para se tornar leitores proficientes correm maior risco de perda de leitura durante o afastamento escolar, ampliando ainda mais o déficit no desempenho de leitura (Kim, Burkhauser, Quinn, Guryan, Kingston, & Aleman, 2017; Folsom, Reed, Aloe, & Schmitz, 2019; Contesse, Campese, Kaplan, Mullen, Pico, Gage, & Lane, 2020).

O termo *Summer Reading Loss* é encontrado em publicações de pesquisas realizadas nos EUA e significa que, durante o período em que as crianças estão em férias de verão sem instrução ou prática de leitura, ocorre um declínio substancial na habilidade de leitura. Esse fenômeno é ainda mais fortemente associado aos alunos de camadas populares que não têm acesso à literatura e à modelagem de leitura por meio da literacia familiar.

Dito isso, considerando o cenário provocado pela pandemia de Covid-19, no qual as escolas permaneceram fechadas para as aulas presenciais por cerca de um ano e meio aproximadamente, considerando a Rede Pública Estadual de São Paulo, faz-se importante discutir sobre os impactos deste afastamento, especialmente para crianças em início de alfabetização e sobretudo considerando as famílias com baixo nível socioeconômico, as quais são mais afetadas, de acordo com a literatura.

A literatura aponta que o efeito do *Summer Reading Loss* representa um risco significativo de insucesso escolar com efeitos ao longo do tempo, especialmente para os alunos com baixo nível socioeconômico, os quais já podem acumular déficits em habilidades preditoras da alfabetização quando iniciam o seu processo de escolarização. Em função desse período em que não frequentam a escola, os alunos em situação de risco de dificuldade de aprendizagem não recebem estímulos e não vivenciam oportunidades de aprendizagem. McDaniel, McLeod, Carter e Robinson (2017) identificaram que o segundo ano de escolarização é um momento importante que permite antever quais alunos superaram as dificuldades iniciais de leitura e os que tendem a continuar com atrasos e risco na aprendizagem nos anos escolares ulteriores.

Em um estudo de intervenção de leitura guiada durante as férias, McDaniel, McLeod, Carter e Robinson (2017) buscaram medir os efeitos para a leitura de 31 crianças de 6 a 7 anos de idade durante um programa de verão comunitário oferecido pela *YMCA Summer Program*. O público atendido foi de 92% de crianças afro-americanas de baixa condição socioeconômica. Os pesquisadores realizaram uma avaliação inicial de leitura denominada *Informal Reading Inventory (IRI)* antes de iniciar a intervenção, assim estabeleceram os parâmetros que seriam contemplados nos treinos de leitura. Durante o período de nove semanas, foram realizadas as intervenções por aplicadores do programa de verão, os quais foram treinados pelos pesquisadores. Nesse período, foram aplicadas avaliações de fluência de leitura oral para todos os sujeitos da pesquisa. Os resultados apontam que as intervenções foram capazes de evitar a perda de leitura durante o verão (McDaniel, McLeod, Carter, & Robinson, 2017).

As pesquisas que investigam os efeitos do *Summer Reading Loss* também testam alguns programas de intervenção de instrução de leitura nas férias, com diferentes abordagens, seja *one on one* (individual), como aponta a pesquisa de Contesse, Campese, Kaplan, Mullen, Pico, Gage e Lane (2020); *whole class instruction* (intervenção com toda a classe) (Folsom, Reed, Aloe, & Schmitz, 2019), além de testagem de programas de leitura como o *READS for Summer Learning (READS)* (Kim, Burkhauser, Quinn, Guryan, Kingston, & Aleman, 2017).

A investigação de Contesse, Campese, Kaplan, Mullen, Pico, Gage e Lane (2020) buscou testar os efeitos de um programa de leitura durante o período de férias e os benefícios adicionais de uma intervenção individual para ensinar a decodificação e a fluência de leitura. Foram incluídos na pesquisa 62 alunos que já participavam de um programa de verão da *University of Florida Literacy Institute (UFLI)*, o qual utiliza um ensino explícito e sistemático de instrução de leitura. A duração do programa de intervenção foi de 3 semanas, 5 dias na semana e 4 horas por dia, totalizando 60 horas de instrução de leitura. Os resultados indicaram a efetividade da intervenção intensiva adicional individual durante o período de verão (férias) para prevenir a perda de habilidade de leitura, especialmente nos casos de alunos que já apresentam dificuldades na aprendizagem e que necessitam de maior atenção do que os alunos que não apresentam esses riscos.

Folsom, Reed, Aloe e Schmitz (2019) apresentaram um relato de pesquisa realizada com o método de observação das intervenções do programa denominado como *TIER 3*, que contempla a instrução intensiva com foco na leitura de palavras, vocabulário e compreensão. Participaram das intervenções 374 estudantes que não haviam atingido um critério de habilidade de leitura ao final do terceiro ano. Segundo Folsom, Reed, Aloe e Schmitz (2019), os alunos que chegam ao terceiro ano sem consolidar os conhecimentos esperados em leitura e escrita possuem quatro vezes mais chances de evasão escolar. A pesquisa tinha como objetivo analisar os perfis das intervenções realizadas no *TIER 3*, como a carga horária de instrução destinada para a sala inteira ou pequenos grupos de alunos com maior dificuldade na aprendizagem, além de avaliar o tempo investido nos componentes da leitura como a consciência fonológica e a compreensão. Concluíram que grande parte do tempo foi destinado à instrução da classe toda, ainda que tenha ficado latente a necessidade de intervenção individual ou para pequenos grupos de alunos com maior dificuldade. Quanto ao foco da instrução de alfabetização, 30% foram dirigidos ao ensino do código (decodificação), 70% à compreensão e pouca atenção foi dada ao desenvolvimento do vocabulário. A pesquisa visou subsidiar os futuros programas de intervenção de verão oferecidos pelo Distrito pesquisado, afirmando que é importante que as intervenções de instrução estejam adequadas às necessidades de intensidade que o aluno precisará para atingir níveis adequados de leitura. Assim, também, é necessário que os instrutores estejam capacitados para conduzir intervenções em pequenos grupos, a fim de alcançar esses objetivos.

Outra modalidade de pesquisa com foco no *Summer Reading Program* refere-se a um ensaio clínico para avaliar os efeitos de adaptações estruturadas realizadas por professores com base no programa de alfabetização de verão denominado *READS*, que tem um modelo de intervenção baseada em evidências científicas (Kim, Burkhauser, Quinn, Guryan, Kingston, & Aleman, 2017). Nesse programa de alfabetização de verão, os alunos recebem materiais e livros correspondentes ao seu nível de leitura, recebem instrução do professor para compreensão de leitura no final do ano, e os professores também enviam outros materiais de literacia às residências dos alunos, no período de verão (férias escolares). A pesquisa foi realizada com 27 escolas que atendem alunos de origem familiar classificada como alta vulnerabilidade social. Os resultados da pesquisa indicam que as adaptações que os professores realizaram, porém sem mudar a estrutura do programa, favoreceram o desempenho dos alunos sem diminuir a eficácia do programa de alfabetização de verão.

2.6 Considerações finais

Dada a relevância da alfabetização inicial baseada em evidências e com vistas à importância das habilidades metalinguísticas e da instrução fônica explícita e sistemática para o ensino da linguagem escrita, esta revisão de literatura buscou verificar os avanços nas pesquisas sobre a consciência fonológica e o papel da instrução fônica explícita e sistemática na alfabetização baseada na ciência cognitiva da leitura.

As robustas evidências científicas com base nas evidências mais recentes da ciência cognitiva da leitura indicam que a instrução fônica é eficaz para a alfabetização. A despeito das condições iniciais de desenvolvimento das habilidades linguísticas e metalinguísticas das crianças, as intervenções baseadas na instrução fônica são eficazes à alfabetização inicial, promovem a remediação de déficits iniciais e previnem as dificuldades na aprendizagem de leitura e escrita.

Como discutido a partir da literatura, os resultados das pesquisas demonstram que as habilidades de consciência fonológica e fonêmica são fundantes da aprendizagem da linguagem escrita. Ficou evidenciada a efetividade da instrução fônica explícita e sistemática na aprendizagem inicial da leitura e da escrita, para a remediação em crianças com dificuldades na leitura e na escrita, assim como para as crianças que apresentam precocemente indícios de riscos na aprendizagem da linguagem escrita. Convém ressaltar que a instrução fônica é um meio e não um fim. Outrossim, é necessário ensinar explicitamente os demais componentes essenciais para a alfabetização, tais como a fluência em leitura oral, o desenvolvimento de vocabulário, a compreensão de textos e a produção escrita, componentes essenciais para a alfabetização.

REFERÊNCIAS

Begeny, J. C. (2019). Evaluating contextually adapted reading interventions with third-grade, Costa Rica students experiencing significant reading difficulties. *School Psychology International*, 40(1), 3-24. DOI: https://doi.org/10.1177/0143034318796875

Borleffs, E., Glatz, T. K., Daulay, D. A., Richardson, U., Zwarts, F., & Maassen, B. A. M. (2018). GraphoGame SI: the development of a technology-enhanced literacy learning tool for Standard Indonesian. *Eur. J. of Psychol. Educ.*, 33(4), 595-613. DOI: https://doi.org/10.1007/s10212-017-0354-9

Boyer, N., & Ehri, L. C. (2011). Contribution of Phonemic Segmentation Instruction With Letters and Articulation Pictures to Word Reading and Spelling in Beginners. Scientific *Studies of Reading*, 15(5), 440-470. DOI: https://doi.org/10.1080/10888 438.2010.520778

Bratsch-Hines, M. E., Vernon-Feagans, L., Varghese, C., & Garwood, J. (2017). Child Skills and Teacher Qualifications: Associations with Elementary Classroom Teachers' Reading Instruction for Struggling Readers. *Learning Disabilities Research and Practice*, 32(4), 270-283. DOI: https://doi.org/10.1111/ldrp.12136

Castles, A., Rastle, K., & Nation, K. (2018). Ending the reading wars: Reading acquisition from novice to expert. *Psychological Science in the Public Interest*, 19, 5-51. DOI: https://doi.org/10.1177/1529100618772271

Clayton, F. J., West, G., Sears, C., Hulme, C., & Lervåg, A. (2020). A longitudinal study of early reading development: Letter-sound knowledge, phoneme awareness and RAN, but not letter-sound integration, predict variations in reading development. *Scientifc Studies of Reading*, 24(2), 91-107. DOI: https:// doi.org/10.1080/10 888438.2019.1622546

Contesse, V. A., Campese, T., Kaplan, R., Mullen, D., Pico, D. L., Gage, N. A., & Lane, H. B. (2020). The Effects of um Intensive Summer Literacy Intervention on Reader Development. *Reading and Writing Quarterly*, 37(3), 221-239. DOI: https://doi.org/ 10.1080/10573569.2020.1765441

Dehaene, S. (2012). *Os neurônios da leitura: como a ciência explica nossa capacidade de ler*. Trad. Leonor Sciliar-Cabral. Porto Alegre, RS: Penso.

Dehaene, S. (2022). Método de ensino e manuais para aprender a ler: como escolher? In R. A. Sargiani (Org.), *Alfabetização baseada em evidências:* da ciência à sala de aula (pp. 113-152). Porto Alegre: Penso.

Ehri, L. C. (2020). The Science of Learning to Read Words: A Case for Systematic Phonics Instruction. *Reading Research Quarterly*, 55(S1), S45-S60. DOI: https://doi. org/10.1002/rrq.334.

Ehri, L. C. (2022). What Teachers Need to Know and Do to Teach Letter–Sounds, Phonemic Awareness, Word Reading, and Phonics. *The Reading Teacher*, 76, 53- 61. DOI: https://doi.org/10.1002/trtr.2095

Ehri, L. C., Nunes, S. R., Stahl, S. A., & Willows, D. M. (2001). Systematic Phonics Instruction Helps Students Learn To Read: Evidence from the National Reading

Panel's Meta-Analysis. *Review of Educational Research*, 71(3), 393-447. DOI: https://doi.org/10.3102/00346543071003393

Folsom, J. S., Reed, D. K., Aloe, A. M., & Schmitz, S. S. (2019). Instruction in District-Designed Intensive Summer Reading Programs. *Learning Disability Quarterly*, 42(3), 147-160. DOI: https://doi.org/10.1177/0731948718765207

Gombert, J. E. (1992). *Metalinguistic development* (2nd ed., T. Pownall, Trans.). Chicago: University of Chicago Press.

Gombert, J. E. (2013). Epi/meta versus implícito/explícito: nível de controle cognitivo sobre a leitura e sua aprendizagem. In M. R. Maluf, & C. Cardoso-Martins (Orgs.), *Alfabetização no século XXI: como se aprende a ler e a escrever* (pp. 49-81). Porto Alegre: Penso.

Gomes, I. (2021). Compreendendo o ato de ler. In R. Alves, & I. Leite (Orgs.), *Alfabetização baseada na ciência: manual do curso ABC* (pp. 257-287). Brasília: MEC/Capes.

Gonzalez-Frey, S. M., & Ehri, L. C. (2020). Connected Phonation is More Effective than Segmented Phonation for Teaching Beginning Readers to Decode Unfamiliar Words. *Scientific Studies of Reading*, 1-14. DOI: https://doi.org/10.1080/10888438.2020.1776290

Guimarães, S. B. (2016). *É princesa ou princeza? Qual o papel da consciência morfológica na leitura e escrita de crianças falantes do português?* [Tese de Doutorado, Universidade do Estado do Rio de Janeiro, Rio de Janeiro].

Kilpatrick, D. (2020). How the Phonology of Speech Is Foundational for Instant Word Recognition. International Dislexia Association. *Perspectives on Language and Literacy Summer*, 46, 11-15. Recuperado de https://www.literacyhow.org/wp-content/uploads/2020/09/The-Phonology-of-Speech-in-WR-Kilpatrick.pdf

Kim, J. S., Burkhauser, M. A., Quinn, D. M., Guryan, J., Kingston, H. C., & Aleman, K. (2017). Effectiveness of Structured Teacher Adaptations to um Evidence-Based Summer Literacy Program. *Reading Research Quarterly*, 52(4), 443-467. DOI: https://doi.org/10.1002/rrq.178

Leite, I. (2021). A Importância da Consciência Fonêmica na Aprendizagem da Leitura e da Escrita. In R. A. Alves, & I. Leite (Orgs.), *Alfabetização baseada na ciência: manual do curso ABC* (pp. 317-335). Brasília: MEC/Capes.

Maluf, M. R. (2022). Ensinar a ler: urgência do mundo atual e de contextos de pobreza. In R. A. Sargiani, R. A. (Org.), *Alfabetização baseada em evidências: Da ciência à sala de aula* (pp. 45-60). Porto Alegre: Penso.

McArthur, G., Sheehan, Y., Badcock, N. A., Francis, D. A., Wang, H. C., Kohnen, S., Banales, E., Anandakumar, T., Marinus, E., & Castles, A. (2018). Phonics training for English-speaking poor readers. *Cochrane Database of Systematic Reviews*, (11). DOI: 10.1002/14651858.CD009115.pub3

McDaniel, S. C., McLeod, R., Carter, C. L., & Robinson, C. (2017). Supplemental Summer Literacy Instruction: Implications for Preventing Summer Reading Loss. *Reading Psychology*, 38(7), 673-686. DOI: https://doi.org/10.1080/02702711.2017.1333070

National Reading Panel. (2000). *Teaching children to read: An evidence-based assessment of the scientific research literature on reading and its implications for reading instruction* (NIH Publication 004754). Washington, DC: US Department of Health and Human Services, National Institutes of Health.

Partanen, M., Siegel, L. S., & Giaschi, D. E. (2018). Effect of reading intervention and task difficulty on orthographic and phonological reading systems in the brain. *Neuropsychologia*, 130, 13-25. DOI: https://doi.org/10.1016/j.neuropsychologia.2018.07.018

Pollo, T. (2021). Conhecimento da Língua: Fonologia e Ortografia do Português do Brasil. In R. A. Alves, & I. Leite (Orgs.), *Alfabetização baseada na ciência: manual do curso ABC* (pp. 87-106). Brasília: MEC/Capes.

Sargiani, R. de A., Ehri, L. C., & Maluf, M. R. (2018). Orthographic mapping instruction to facilitate reading and spelling in Brazilian emergent readers. *Applied Psycholinguistics*, 39(6), 1405-1437. DOI: https://doi.org/10.1017/S0142716418000371

Sargiani, R. de A., Ehri, L., & Maluf, M. R. (2021). Teaching Beginners to Decode Consonant-Vowel Syllables Using Grapheme-Phoneme Subunits Facilitates Reading and Spelling as Compared with Teaching Whole-Syllable Decoding. *Reading Research Quarterly*, (56), 432. DOI: https://doi.org/10.1002/rrq.432

Sargiani, R. de A. (2022). Alfabetização baseada em evidências: como a ciência cognitiva da leitura contribui para as práticas e políticas educacionais de literacia. In R. A. Sargiani (Org.), *Alfabetização baseada em evidências: da ciência à sala de aula* (pp. 1-44). Porto Alegre: Penso.

Savage, J. F. (2015). *Aprender a ler e a escrever a partir da fônica: um programa abrangente de ensino*. McGraw Hill: Penso.

Savage, R., Georgiou, G., Parrila, R., & Maiorino, K. (2018). Preventative Reading Interventions Teaching Direct Mapping of Graphemes in Texts and Set-for-Variability Aid At-Risk Learners. *Scientific Studies of Reading*, 22(3), 225-247. DOI: 10.1080/10888438.2018.1427753

Silva, A. C. (2021). Consciência Fonológica e Conhecimento das Letras. In Alves, R. A., & Leite, I. (Orgs.), *Alfabetização baseada na ciência: manual do curso ABC* (pp. 219-243). Brasília: MEC/Capes.

Vadasy, P. F., & Sanders, E. A. (2021). Introducing grapheme-phoneme correspondences (GPCs): exploring rate and complexity in phonics instruction for kindergarteners with limited literacy skills. *Reading and Writing*, 34(1), 109-138. https://doi.org/10.1007/s11145-020-10064-y

Vale, A. P. (2021). Métodos Fónicos Sistemáticos no Ensino da Leitura. In Alves, R. A. & Leite, I. (Orgs.), *Alfabetização baseada na ciência: manual do curso ABC* (pp. 288-315). Brasília: MEC/Capes.

Wheldall, K., Bell, N., Wheldall, R., Madelaine, A., Reynolds, M., & Arakelian, S. (2019). A small group intervention for older primary school-aged low-progress readers: Further evidence for efficacy. *Educational and Developmental Psychologist*, 1-6. DOI: https://doi.org/10.1017/edp.2019.15

Ziegler, J. C., & Goswami, U. (2005). Reading acquisition, developmental dyslexia, and skilled reading across languages: A psycholinguistic grain size theory. *Psychological Bulletin*, 131(1), 3-29. DOI: https://doi.org/10.1037/0033-2909.131.1.3

CAPÍTULO 3

A CONSCIÊNCIA MORFOLÓGICA E A ESCRITA: POR QUE OS MORFEMAS SÃO IMPORTANTES PARA SE APRENDER A ESCREVER?

Márcia Maria Peruzzi Elia da Mota
Taís Turaça Arantes

Introdução

A consciência morfológica é definida como a habilidade de consciente-mente refletir e manipular os morfemas de forma intencional (Carlisle, 1995; Bowers, Kirby, & Deacon, 2010). Segundo Carlisle (2004), a sensibilidade da criança em refletir sobre a estrutura morfológica das palavras pode envolver tanto palavras simples quanto complexas, em seu idioma nativo.

Mota (2009) nos explica que o processamento morfológico é essencial para formação do vocabulário e envolve também o processamento sintático-semântico. Por exemplo, veja o morfema "mente" na frase: "o menino cantava alegre**mente**", esse morfema pode oferecer pistas sobre os aspectos sintático-semânticos do texto que podem ajudar na escrita contextual dessa frase. Muitas vezes, as crianças têm dificuldades com palavras longas e/ou nasalizadas. O morfema "mente" oferece uma unidade gráfica que é repetida em diversas situações em que é um advérbio. Veja os exemplos: "o menino cantava diferente**mente**"; "o menino cantava feliz**mente**"; "o menino cantava triste**mente**". Essa estabilidade gráfica, quando compreendida pela criança, pode ajudar na escrita das palavras, mas também na compreensão delas.

Assim, é possível sugerir que crianças que possuem uma boa habilidade em processar a morfologia podem ter mais facilidade em ler e compreender, escrever palavras de forma mais acurada e produzir textos de qualidade. A consciência morfológica se desenvolve de forma interativa com a escrita. Isto é, ela promove a escrita e a escrita a ajuda a se desenvolver. Mas por que a consciência morfológica nos ajuda a escrever melhor? Uma pista já foi apresentada acima, mas para responder a essa questão com mais profundidade, precisamos saber um pouco mais sobre nosso sistema ortográfico.

3.1 Complexidade ortográfica e escrita: o papel dos morfemas

O idioma português do Brasil é alfabético, ou seja, em princípio, cada grafema corresponde a um fonema. Entretanto, é sabido que em línguas alfabéticas, as correspondências entre os sons das palavras e a sua representação gráfica podem variar (Mota et al., 2007; Arantes & Mota, 2022). O grau de aderência entre letra e som varia em cada língua alfabética, sendo que algumas línguas, como o espanhol, possuem alta aderência às correspondências entre letra e som, enquanto outras, como o inglês, possuem baixa aderência. Segundo Seymour et al. (2003), o português está no meio do espectro da complexidade ortográfica. Possui uma estrutura silábica simples, mas também não é transparente como o espanhol ou opaco como o inglês.

Assim, embora no sistema de escrita do português do Brasil exista uma correspondência grafofonêmica, há diversas situações em que não há uma correspondência única entre som e letra, o que pode gerar confusão para as crianças ao escolher o grafema a ser utilizado na escrita (Fusco & Capellini, 2010). Saber sobre os morfemas pode ajudar a resolver as situações em que há confusão, isso porque o idioma português é caracterizado por possuir uma vasta quantidade de palavras morfologicamente complexas (Mota, 2012).

As palavras que as crianças vão aprender a ler e escrever podem ser simples, quando compostas de um único morfema, ou complexas, quando contêm mais de um morfema. Por exemplo, a palavra "flor" é morfologicamente simples, pois possui apenas um morfema — o radical. Já a palavra "flor-i-cultura" é morfologicamente complexa, pois contém mais de um morfema.

Os morfemas são as unidades mínimas com significado próprio nas palavras, e os elementos mórficos incluem a raiz e os afixos (prefixos, sufixos) (Bechara, 2009; Cegalla, 2008). Na gramática da língua portuguesa do Brasil, os morfemas gramaticais incluem: (a) vogal temática nominal, que é um segmento classificatório, como na palavra "dente"; (b) desinência flexional, que é responsável pela categoria de número, como na palavra "dentes"; e (c) sufixo derivacional, que permite criar novas palavras, como em "dentistas". Assim, os morfemas gramaticais se dividem em classificatórios, derivacionais e flexionais (Câmara JR., 2004; Cunha & Cintra, 1985).

No contexto da morfologia, os morfemas flexionais mudam a palavra quanto ao gênero, número, grau, tempo e modo, e seguem regras claras de formação das palavras. Por outro lado, a morfologia derivacional é um sistema aberto de formação de palavras. Cassalis e Louis-Amstrong (2000) observam que, como a morfologia flexional segue regras claras de formação de palavras, sua aquisição ocorre mais cedo no desenvolvimento.

Uma característica importante dos morfemas é sua estabilidade ortográfica. Os morfemas, em geral, mantêm sua grafia (Chomsky & Halle, 1968). Esse é o caso de palavras como "exercício", "exercitar" que tem a mesma origem e por isso são escritas da mesma forma. Usamos "x" em vez de "z" e "c" em vez de "ss", ambas grafias possíveis no português. Há algumas exceções como no caso das palavras "razão" e "racional", mas de um modo geral essa estabilidade ortográfica oferece muitas pistas para o aprendiz.

3.2 Por que refletir sobre os morfemas ajuda na escrita das palavras?

Voltamo-nos agora para a pergunta que pretendemos responder neste capítulo. Por que refletir sobre os morfemas ajuda na escrita das palavras? A literatura tem demonstrado que a habilidade de refletir sobre os morfemas contribui para o desenvolvimento da escrita de palavras (Deacon & Dhooge, 2010; Wood, Wade-Woolley, & Holliman, 2009; Wolter, Wood, & D'Zatko, 2009) e de textos (Mccutchen & Stull, 2014; Northey, Mccutchen, & Sanders, 2016; Mccutchen et al., 2013), essa relação está bem estabelecida. Mas precisamos levantar hipóteses sobre a razão pela qual os morfemas ajudam as crianças a escrever de forma ortograficamente correta.

Conforme apresentado no tópico anterior, os morfemas apresentam estabilidade ortográfica, já que geralmente são escritos da mesma forma em palavras diferentes que têm a mesma origem. Por exemplo, o radical da palavra é mantido na escrita de palavras derivadas, como "carta" => "carteiro" ou "belo" => "beleza" (Nunes & Bryant, 2014). Assim, no que diz respeito ao desenvolvimento da escrita de palavras, a consciência morfológica pode ajudar o indivíduo a refletir sobre a escrita das palavras a partir dessas unidades de significado. Ao conhecer as palavras simples, é possível chegar à escrita de palavras complexas, pois o escritor pode generalizar o conhecimento de uma palavra conhecida para novas palavras. O contrário também pode ocorrer a partir da palavra complexa o escritor iniciante pode chegar a palavra primitiva (Mota, 2012).

O princípio da estabilidade ortográfica dos morfemas pode ser importante principalmente para palavras no português em que se pode ter mais de uma letra representando um som. Esse é o caso de palavras como "laranjeira", que poderia ser escrita com "g" também. Saber que "laranjeira" vem de "laranja" ajuda a criança a escolher a grafia correta das palavras.

Estudando uma situação semelhante no inglês, Treiman et al. (1994) mostraram que crianças pequenas tendiam a escrever corretamente as letras das palavras em grafias que geram problemas, como a palavra "motor" no inglês, quando as palavras eram morfologicamente complexas. A palavra "motor" quando pronunciada no inglês norte-americano não contém um /t/ medial claro, é mais semelhante a /d/ (sonoro) do que /t/ (surdo). As crianças pequenas podem, portanto, soletrá-los erroneamente como d. Quando Treiman et al. (1994) apresentaram às crianças as palavras derivadas e flexionadas com a possibilidade de consultar a palavra primitiva, a escrita das crianças foi significativamente melhor do que as palavras sem a possibilidade da consulta da base das palavras. No caso de "motor", ser apresentado, por exemplo, com uma palavra como "motorizado" fazia com que as crianças utilizassem o "t" com mais frequência do que o "d", demonstrando que os morfemas ajudam as crianças na escolha da grafia das palavras.

Treiman et al. (1994) encontraram também um padrão de desenvolvimento com as crianças do segundo ano sendo melhores que as crianças do primeiro ano em realizar essa tarefa. As crianças do quarto ano foram melhores que as crianças das duas séries iniciais demonstrando que, à medida que as crianças avançam na escolaridade, parecem entender melhor como o sistema ortográfico se organiza.

Em um estudo realizado por Bourassa et al. (2018), os pesquisadores examinaram até que ponto crianças disléxicas e crianças mais jovens com desenvolvimento típico são sensíveis à estabilidade ortográfica dos morfemas. Foi utilizado um design experimental que faz o pareamento do nível ortográfico das crianças disléxicas com as crianças de desenvolvimento típicos e com os de uma amostra de crianças da mesma idade cronológica do grupo disléxico.

As análises dos resultados revelaram que as crianças disléxicas e seus pares com a mesma habilidade ortográfica usaram o princípio de constância dos morfemas (raiz) em um grau semelhante. No entanto, nenhum dos grupos usou esse princípio em seu máximo possível. O uso máximo da constância da raiz surgiu apenas para o grupo de desenvolvimento típico da mesma idade dos disléxicos, indicando que também um padrão no desenvolvimento no uso da constância ortográfica e de sua importância para se aprender a escrever.

Outra fonte dessas ambiguidades pode ser resolvida se conhecermos as regras que determinam o uso dos sufixos. Esse é o caso de palavras como "prince*s*a" e "subi*u*". Essas palavras possuem escritas ambíguas que podem ser resolvidas pelo conhecimento das regras morfológicas. Em uma pesquisa feita com crianças inglesas e brasileiras de 2º ao 5º ano, Mota (1996) estudou a escrita de morfemas ambíguos. Vamos focar aqui neste capítulo apenas nos achados do português.

Mota (1996) pediu aos alunos que participaram do estudo que escrevessem palavras que terminam com som nasal "ão" e com o passado dos verbos "am". A pesquisadora levantou a hipótese de que se as crianças conhecessem as regras morfológicas colocariam corretamente o (e.g. "ão") para o futuro do verbo (e.g. "comerão") e para substantivos (e.g. "camarão") e o "am" para o passado (e.g. "comeram"). As que não soubessem as regras morfológicas escreveriam utilizando a forma mais frequente da língua o "ão". Inclusive para o verbo irregular "souberam" que seria escrito com "souberão". A autora incluiu na pesquisa também verbos irregulares como "saberão", "souberam" e "sabão".

Interessantemente, houve um resultado intermediário. Nas séries iniciais, a escrita mais frequente foi a do "ão" para todas as palavras. Indicando, uma aplicação das regras de correspondência letra e som sem diferenciar as regras morfológicas. Nas finais, as crianças já pareciam ter domínio das regras ortográficas mais complexas da escrita, corretamente discriminando o "am" e o "ão", mas nas intermediárias, muitas crianças generalizaram "am" para o futuro dos verbos e não para o substantivo, mostrando que as crianças antes de atingirem o conhecimento da ortografia correta das palavras vão aprendendo os padrões de escrita da língua com base na morfologia. Verbos são escritos com "am" e não com "ão". Essa generalização ocorreu para as formas irregulares também.

Então, por que a consciência morfológica ajuda a escrever? Ao refletir sobre os morfemas da língua, a criança dá o primeiro passo para entender a relação morfológica entre as palavras e a ortografia. Essa relação está relacionada à constância ortográfica dos morfemas que pode ser da base das palavras ou dos sufixos/prefixos. A grafia da palavra com base nos morfemas carrega informação gramatical que, quando compreendida pela criança, diminui a necessidade de se memorizar a grafia das palavras e ajuda na escrita de palavras pouco frequentes ou novas.

3.3 Conclusão

A consciência morfológica está associada ao bom desempenho da ortografia. A razão mais provável dessa relação é a constância ortográfica dos morfemas. O conhecimento desse princípio parece se desenvolver nos primeiros anos do ensino fundamental.

As implicações dos achados dos estudos sobre o papel da constância ortográfica no desempenho da escrita são muitas. As regras ortográficas deveriam ser apresentadas para as crianças levando essa regularidade em conta. Na verdade, dois estudos de intervenção podem ser citados que utilizaram o conhecimento da relação morfológica das palavras com escrita ambígua para ajudar no desempenho ortográfico. Guimarães (2016) e Sousa (2023) obtiveram sucesso em intervenções que ajudaram as crianças a perceber quando usar a grafia das palavras que terminam com os morfemas "esa" ou "eza", "iu" ou "il" e "ão" ou "am".

Aprender essa relação otimiza o conhecimento ortográfico, reduzindo a necessidade de a criança decorar a grafia de uma quantidade muito grande de palavras. Não se trata aqui de decorar regras ortográficas sem fim, mas de aprender a pensar sobre a língua. Cabe ressaltar que a leitura e escrita proficiente envolve o automatismo e esses padrões ou regras morfológicas da língua acabam por ser internalizados pelos escritores proficientes, sendo utilizados apenas, quando se deparam com palavras novas ou em situações em que há uma sobrecarga da demanda cognitiva que acaba fazendo com que se falhe em tarefas corriqueiras.

REFERÊNCIAS

Apel, K. (2020). *Morphological Awareness Skills of Second and Third Grade Students with and without Speech Sound Disorders*. Recuperado de https://files.eric.ed.gov/fulltext/ED604756.pdf

Apel, K. (2014). A comprehensive definition of morphological awareness. *Topics in Language Disorders*, 34, 197-209.

Arantes, T. T., & Mota, M. M. P. E. (2022). Morfemas e a natureza do sistema alfabético. In M. M. P. E. da Mota (Org.), *Consciência morfológica, leitura e escrita* (pp. 13-24). Curitiba: Appris.

Bechara, E. (2009). *Moderna gramática portuguesa* (37a ed.). Rio de Janeiro: Editora Nova Fronteira.

Bowers, P. N., Kirby, J. R., & Deacon, S. H (2010). The effects of morphological instruction on literacy skills: a systematic review of the literature. *Review of educational research*, 80(2), 144-179.

Bourassa, D. D., Bargen, M., Delmonte, M., & Deacon, S. H. (2018). Staying rooted: Spelling performance in children with dyslexia. *Applied Psycholinguistics*, 40(2), 1-18. DOI: 10.1017/S0142716418000632

Câmara JR., J. M. (2004). *Estrutura da língua portuguesa* (363a ed.). Petrópolis: Editora Vozes.

Cegalla, D. P. (2008). *Novíssima gramática da língua portuguesa* (48a ed.). São Paulo: Companhia Editora Nacional.

Carlisle, J. (1995). Morphological awareness and early Reading achievement. In L. Feldman (Org.), *Morphological aspects of language processing* (pp. 189-211). Hillsdale: Lawrence Erlbaum Associates.

Chomsky, N., & Halle, M. (1968). *The sound pattern of English*. New York: Harper and Row.

Costa Val, M. G. (2006). *Redação e textualidade* (3a ed.). São Paulo: Martins Fontes.

Cunha, C. & Cintra, L. (1985). *Nova gramática do português contemporânea*. Rio de Janeiro: Nova Fronteira.

Deacon, S. H., & Dhooge, S. (2010). Developmental stability and changes in the impact of root consistency on children's spelling. *Reading and Writing: An Interdisciplinary Journal*, 23(9), 1055-1069. DOI: https://doi.org/10.1007/s11145-009-9195-5.

Fávero, L. L., & Koch, I. G. V. (2008). *Linguística textual: introdução* (9a ed.). São Paulo: Cortez Editora.

Koch, I. G. V. (2003). *O texto e a construção de sentido* (7a ed.). São Paulo: Contexto.

Mccutchen, D., & Stull, S. (2014). Morphological awareness and children's writing: accuracy, error, and invention. *Reading and Writing*, 28(2), 271-289.

Mccutchen, D., Stull, S., Herrera, B. L., Lotas, S., & Evans, S. (2013). Putting words to work: Effects of morphological instruction on children's writing. *Journal of Learning Disabilities*, 47(1), 86-97.

Mota, M. M. P. E, Lisboa, R., Dias, Jaqueline, & Gontijo, R. (2007). Morfologia Derivacional e Alfabetização. *Virtú (UFJF)*, 5(1), 1-10.

Mota, M. M. P. E. A. (2012). Explorando a relação entre a consciência morfológica, processamento cognitivo e escrita. *Estudos de Psicologia*, 29(1), 89-94.

Mota, M. M. P. E. (2009). A consciência morfológica é um conceito unitário? In M. Mota, (Org.), *Desenvolvimento metalinguístico: questões contemporâneas* (pp. 41-53). São Paulo: Casa do Psicólogo.

Mota, M. M. P. E (1996). *The role of grammatical knowledge in spelling* [Tese de Doutorado, Universidade de Oxford, Inglaterra].

Northey, M., McCutchen, D., & Sanders, E. A. (2015). Contributions of morphological skill to children's essay writing. *Reading and Writing*, 29(1), 47-68.

Nunes, T., & Bryant, P. (2014). *Leitura e ortográfia: leitura além dos primeiros passos*. Porto Alegre: Penso.

SOUSA, R. R. de. (1993). *Efeitos de uma intervenção em consciência morfológica no desenvolvimento da leitura e da ortografia em crianças do 4º ano do ensino fundamental* [Dissertação de Mestrado, Universidade Salgado de Oliveira].

Treiman, R., Weatherston, S., & Berch, D. (1994). The role of letter names in children's learning of phoneme-grapheme relations. *Applied Psycholinguistics*, 15(1), 97-122. DOI: https://doi.org/10.1017/S0142716400006998

Zhang, D., & Koda, K. (2013). Morphological awareness and reading comprehension in a foreign language: A study of young Chinese EFL learners. *Science Direct*, 41(1), 901-913.

Wolter, J. A., Wood, A., & D'zatko, K. W. (2009). The influence of morphological awareness on the literacy development of first-grade children. *Language, Speech & Hearing Services in Schools*, 40(1), 286-298.

Wood, C., Wade-Woolley, L., & Holliman, A. (2009). Phonological awareness: Beyond phonemes. In Wood, C., & Connelly, V. (Orgs.), *Contemporary perspectives on reading and spelling* (pp. 7-23). London: Routledge.

CAPÍTULO 4

A CONSCIÊNCIA MORFOLÓGICA NA LEITURA NÃO É SÓ PARA CRIANÇAS

Silvia Brilhante Guimarães
Ana Paula Bellot Vita

Introdução

Evidências na área da ciência da leitura avançaram enormemente nos últimos anos, apresentando o desempenho de algumas operações mentais ou controles cognitivos imprescindíveis para o entendimento dos processos de aquisição e desenvolvimento da linguagem escrita de crianças (Thompson, Tunmer, & Nicholson, 1993; Snowling & Hulme, 2005). Nesse contexto, estão os estudos sobre as habilidades metalinguísticas na alfabetização (Bialystok & Ryan, 1985; Gombert, 1992; Maluf, 2003; Nunes & Bryant, 2006). Segundo Gombert (1992), a metacognição pode ser entendida como a capacidade do indivíduo de refletir intencionalmente sobre seus próprios processos cognitivos, bem como os produtos destes. Sendo assim, a habilidade metalinguística significa o esforço cognitivo realizado pelo aprendiz em perceber a linguagem como objeto de reflexão. Pensar a linguagem a partir de suas propriedades (fonológicas, morfológicas, sintáticas, dentre outras) requer um alto nível de abstração e controle cognitivo, por exemplo, corrigir a sintaxe de uma frase ou a ortografia de uma palavra de maneira consciente, ou seja, sabendo das regras que compõem a língua (Gombert, 1992).

Grande parte das pesquisas em habilidades metalinguísticas se concentram no papel da consciência fonológica, que consiste na manipulação consciente das unidades de sons de uma palavra na alfabetização. A consciência fonológica tem sido repetidamente considerada um preditor da capacidade de leitura — no inglês, Bradley e Bryant (1983), no português, Cardoso-Martins, Mesquita e Ehri (2011) e Kessler, Pollo, Treiman e Cardoso-Martins (2013). O treinamento de habilidades fonológicas parece exercer um impacto positivo na aprendizagem da leitura e da escrita quando as crianças são ensinadas sobre a relação entre as letras e sons. Estudo de Capovilla e Capovilla (2000) demonstrou que ensinar as correspondências grafo-fonêmicas para crianças de nível socioeconômico médio e baixo pode ser eficaz no aumento do desempenho em consciência fonológica, no início da alfabetização.

O foco nas relações entre letras e sons para a compreensão dos processos de aprendizagem da leitura e da escrita são necessárias, mas não suficientes. As palavras não são apenas unidade de som, mas de significado (morfemas). Isso quer dizer que ao escrever não se faz uma simples representação de sequências de sons, mas de sentido. O português é um idioma com aspectos fonográficos e semiográfico. Nesse sentido, o presente capítulo amplia a discussão do papel das habilidades metalinguísticas na leitura, para além da consciência fonológica. Exploramos uma opção diferente e pouco estudada em pesquisas nacionais: a influência da consciência morfológica. Essa habilidade diz respeito à análise e à reflexão acerca dos constituintes morfológicos das palavras. Damos destaque para os leitores adultos, especificamente aqueles com baixo nível de leitura e com distorção idade/série. Sobre essa população, pouco são os estudos nacionais realizados sobre habilidades metalinguísticas (Corrêa & Cardoso-Martins, 2012; Mota & Castro, 2007) e inexistentes ainda sobre a consciência morfológica.

No Brasil, 2,2 milhões estão matriculados na Educação de Jovens e Adultos (EJA) no ensino fundamental, enquanto 359 mil estão matriculados no ensino médio (INEP, 2020). Esse dado torna, portanto, urgente a discussão a respeito dos papéis das habilidades metalinguísticas envolvidas no processo de aquisição e desenvolvimento de adultos, uma vez que muito já se sabe o das crianças. A maioria das pesquisas realizadas com os estudantes do EJA são voltadas para avaliação de políticas públicas e poucos são aquelas que investigam como os adultos aprendem a ler. Pensar sobre a alfabetização de adultos não é o mesmo do que pensar sobre a alfabetização de crianças. Esse público está inserido em contextos sociais ativos e realiza atividades cotidianas muito diferentes das crianças. (Freire, 1987). Por isso, tal lacuna de conhecimento pode não apenas causar problemas em nossa compreensão sobre a aquisição da alfabetização de adultos, mas também impedir o desenvolvimento e a implementação de intervenções eficazes.

Sendo assim, organizamos o capítulo apresentando primeiramente um panorama breve e as especificidades da Educação de Jovens e Adultos (EJA), em seguida, a conceitualização da consciência morfológica e sua ligação com a leitura. Por último, mostramos o papel dessa habilidade metalinguística em adultos com baixo nível de leitura e escolarização.

4.1 Educação de Jovens e Adultos (EJA)

A Educação de Jovens e Adultos (EJA) é considerada uma modalidade de Ensino e componente constitutivo da educação básica. Fazem parte dela alunos com distorção idade e série, entre 15 até 99 anos de idade. A EJA, portanto, passa pelas etapas de ensino fundamental e médio, desde a alfabetização até o ensino profissionalizante para jovens e adultos (MEC, 2017). Dito isso, a alfabetização de adultos ainda é um grande desafio no Brasil. Cerca de 6,6% da população acima dos 15 anos não foi alfabetizada (IBGE, 2019). Entretanto, mesmo quando se adentra à escola para olhar a população atendida por programas educacionais com objetivos alfabetizadores — como a própria Educação de Jovens e Adultos — os índices de problemas relacionados à aprendizagem chocam. Os adultos estão escolarizados e, aparentemente, aprendem a ler; mas ainda apresentam dificuldades profundas nas habilidades de leitura, escrita e compreensão, fazendo parte do grupo de analfabetos funcionais (Ramos, 2010).

Um dos grandes marcos da sociedade moderna ocidental é o contínuo uso da escrita e da leitura como instrumentos de acesso ao conhecimento. Por conseguinte, estar excluído de tal processo retira do indivíduo poder de refletir e conhecer melhor suas escolhas (Foucault, 2014). Ter acesso às palavras garante a cidadania no sentido mais amplo possível, sobretudo se levarmos em conta esferas como política, sociedade, convívio familiar e autonomia. Além do mais, para essa população ler e escrever com fluência, amplia não só a visão de mundo, mas de si, sobre suas capacidades de autoeficácia.

4.2 Consciência morfológica

Os morfemas são as menores unidades portadoras de significado nas palavras, e a consciência morfológica refere-se à consciência e à capacidade do aprendiz de manipular morfemas, oralmente ou por escrito (Carlisle, 2000). Tal consciência envolve o uso de morfemas dentro das palavras na flexão (fal-o, fal-ou, fal-ará), número (cavalo, cavalos), ou gênero (aluno, aluna), na derivação ("água" e "aguaceiro" ou "alegre" e "alegrar-se") ou na composição ("guarda" em "guarda-chuva" "pára" em "paraquedas").

Como pode-se observar, a ortografia da língua portuguesa é formada por muitas palavras morfologicamente complexas. Muitas delas não são fiéis na relação unívoca entre letra e sons, apresentando profundidade dessa relação na ortografia. Por exemplo, a palavra "girassol" possui as letras "ss" que representa um som fricativo, no qual pode-se ser confundido com o som da letra "ç". Segundo Nunes e Bryant (2006), manipular conscientemente os usos dos morfemas da formação de palavras ajuda o leitor a entender as palavras e o escritor a grafá-las corretamente.

O período aquisição da consciência morfológica pelas crianças ainda é discutível entre os pesquisadores. Para alguns, as crianças pequenas já apresentam algum conhecimento, mesmo que incipiente. Para outros, a consciência morfológica só aparece com o passar dos anos de escolarização. No Brasil, o estudo de Mota et al. (2011) demonstrou que, na medida em que as crianças vão se escolarizando, o conhecimento sobre a morfologia da língua se aprofunda. Os resultados apontaram que as crianças de terceiro ano escolar tiveram um conhecimento mais amplo das estruturas morfológicas das palavras, quando comparadas com crianças do primeiro e segundo anos. Essas discussões assinalam para a reflexão dos aspectos metodológicos relativos ao tipo de tarefa capaz de mensurar efetivamente a ativação de um processo explícito/consciente do conhecimento morfológico. Além disso, faz-nos pensar na complexidade que é o desenvolvimento inicial do conhecimento morfológico e que ainda carece de mais esclarecimento.

Há um novo corpo de estudos empíricos corroborando que a consciência morfológica, também, pode ter um papel significativo para explicar o sucesso dos aprendizes de ler e escrever palavras, bem como para compreender textos, pois a ortografia de muitas palavras depende da morfologia da língua. Essa contribuição se estende a vários idiomas, no inglês (Carlisle, 2000; Carlisle & Katz, 2006; Deacon, Benere, & Pasquarella, 2013; Deacon & Kirby, 2004; Kirby, Deacon, Bowers, Izenberg, Wade-Woolley, & Parrila, 2012; Kruk & Bergman, 2013; Nagy, Berninger, & Abbott, 2006; Nielsen, Luetke, & Stryker, 2011; Nunes, Bryant, & Barros, 2012; Nunes, Bryant, & Bindman, 1997; Tong et al., 2011; dentre outros), no francês (Casalis, Decon, & Pacton, 2011; Casalis & Louis-Alexandre, 2000), o holandês (Rispens, McBrinde-Change, & Reitsma, 2008).

No caso do português brasileiro, uma ortografia com irregularidades na relação letra e som e com sílabas mais simples do que complexas, temos vários estudos mostrando a ligação entre consciência morfológica, leitura de palavras e compreensão de texto (Correa, Fraulein, & Spinillo, 2020; Lúcio, Lima, Jesuíno, & Rued, 2018; Ferraz & Souza, 2019; Freitas Jr, Mota, & Deacon, 2018; Guimarães & Mota, 2016; Oliveira & Justi, 2017; Oliveira, Levesque, Deacon, & Mota, 2020). Essa relação pode ser explicada pelo processo lexical exigido durante a leitura, no qual implica a integração das informações fonológicas, ortográficas e semânticas. Os morfemas são unidades linguísticas sublexicais que conectam essas informações linguística na pronúncia e entendimento da palavra (semânticas) (Levesque, Breadmore, & Deacon, 2022). A esse respeito, iremos abordar no tópico seguinte.

4.3 Modelo de compreensão de leitura e a influência da consciência morfológica

Os papéis potenciais da consciência morfológica na leitura podem ser entendidos em termos de teorias ou modelos atuais de leitura (Levesque et al., 2022). Por exemplo, o modelo *Simple View of Reading* caracteriza a compreensão de leitura habilidosa como o produto da leitura de palavras (decodificação) e da compreensão da linguagem (compreensão textual = decodificação e compreensão linguística) (Gough & Tunmer, 1986; Hoover & Gough, 1990). A decodificação refere-se à eficiente capacidade de reconhecer ou identificar palavras e a compreensão linguística, por sua vez, diz respeito à compreensão oral.

Nessa equação, a compreensão do texto depende tanto da decodificação quanto da capacidade de compreensão linguística. Os níveis de cada uma dessas habilidades revelam a capacidade do leitor em compreender o texto. Logo, se a decodificação = 0 ou compreensão linguística = 0, o resultado será uma fraqueza na compreensão textual, pois ambas as habilidades não explicam sozinhas ou de forma independente à compreensão de texto. Simplificando, se o leitor tem uma alta proficiência na decodificação, mas pouca proficiência na compreensão oral, terá dificuldades de compreensão textual. Da mesma forma, se a compreensão linguística for alta e a decodificação baixa, o mesmo acontecerá. A lógica desse modelo é que os déficits na compreensão do texto não podem ser específicos, mas produto da fraqueza em uma ou nas duas partes que o compõem.

Para Kirby e Savage (2008), as contribuições das habilidades de decodificação e compreensão linguística para compreensão textual estão sujeitas às mudanças ao longo do tempo (idade e nível de escolarização) da criança. Em séries iniciais, a compreensão de texto é explicada em grande parte pela decodificação. Tal fato é visualizado pela complexidade crescente de textos escritos ao longo da escolarização, por meio do aparecimento de palavras ortograficamente complexas. No início do processo de leitura, a criança precisa entender o princípio alfabético e com isso construir rotas de leitura de palavras. Com a automatização da decodificação, a criança reconhece e pronuncia as palavras imediatamente sem gastar qualquer atenção ou esforço (Ehri, 2005). Isso faz com que, ao longo da escolarização, a compreensão linguística seja um crescente diferenciador entre bons e pobres compreendedores.

A decodificação pode parecer fácil para leitores mais experientes, mas não o é para quem está iniciando o processo de alfabetização. O leitor iniciante necessita de criar rotas fonológicas para o armazenamento da informação lexical das palavras na memória. Isso proporciona uma leitura lenta e pouco precisa das palavras porque o aprendiz, nesse momento, está focado na relação entre letra e sons. Aos poucos, como o aumento da experiência em leitura, as informações lexicais (padrões ortográficos) e semânticas das palavras são fixadas na memória do leitor e eles conseguem ler as palavras lexicalmente, sem usar a rota fonológica. Essa estratégia de leitura é denominada por Ehri (2005) como leitura rápida visual.

Os morfemas são unidades ortográficas estáveis com pronúncias bastante consistentes. Ao vincular a entrada ortográfica com a saída fonológica a consciência morfológica torna o reconhecimento de palavras mais preciso e mais eficiente (ou seja, menos trabalhoso para o aprendiz). Acredita-se que a consciência morfológica facilite o processo de decodificação de palavras, porque os morfemas ao carregam significados podem apoiar uma ligação mais direta entre a ortografia e a semântica. Isso pode ser especialmente útil no idioma português com mapeamentos ortográficos e sonoros irregulares. Por exemplo, as palavras "desfazer e desabafar". Essas duas palavras têm o mesmo prefixo "des-", que indica negação ou inversão de um processo. Isso pode ajudar a identificar a relação entre as duas palavras, já que ambas começam com "des-". Em "Infeliz e infelicidade", observamos que a palavra "infelicidade" é formada pela adição do sufixo "-idade" ao adjetivo "infeliz". Nesse caso, a consciência morfológica pode ajudar a entender que ambas as palavras compartilham a mesma raiz ("feliz") e que a diferença está no acréscimo do sufixo. Tal explicação vai de encontro com a ideia da qualidade lexical na leitura proposta por (Perfetti & Stafura, 2014). Representações lexicais de alta qualidade contêm informações fonológicas, ortográficas, semânticas e sintáticas sobrepostas (Perfetti & Stafura, 2014) — todas inerentes aos morfemas. O conhecimento sobre morfemas pode aumentar a qualidade das representações lexicais, consequentemente influenciar o reconhecimento das palavras na leitura.

Com relação à compreensão linguística, Kirby e Savage (2008) assinalam que refere-se à competência verbal, ou seja, a tudo aquilo que a criança consegue entender oralmente. Nesse sentido, estão envolvidas capacidades como o vocabulário (repertório lexical), a sintaxe (relação entre as palavras no texto) a também as inferências (as informações que não estão explícitas no texto) (Kirby & Savage, 2008). A consciência morfológica faz parte do complexo sistema de processos de compreensão linguística relacionada ao conhecimento do vocabulário (Sparks & Deacon, 2015). Estudos mostram que esta habilidade metalinguística contribui para a compreensão de leitura via vocabulário. O vocabulário, nesse caso, seria uma medida semântica que ajudaria o leitor a ler as palavras e, consequentemente, o texto (Perfetti & Stafura, 2014). Por exemplo, se um leitor tiver conhecimento do significado da palavra "filantropia", ele poderá facilmente compreender o significado de termos relacionados, como "filantropo", "filantrópico", "filantropista", entre outros.

Além do mais, a compreensão linguística também abarca a consciência morfológica, pois ao contrário dos fonemas, os morfemas fornecem informações sobre sintaxe, significado, ortografia e pronúncia. Levesque et al. (2022) argumentam que os morfemas atuam como agentes de ligação, dando pistas não apenas para o significado, mas também para a fonologia e a ortografia. Estudos mostram a relação direta da consciência morfológica com a compreensão de texto (Deacon et al., 2014).

Verhoeven e Leeuwe (2012) acreditam numa combinação entre decodificação de palavras, vocabulário e compreensão linguística para explicar a compreensão de texto ao longo do ensino fundamental. Segundo os autores, a quantidade e qualidade das representações lexicais das palavras são essenciais para os processos de identificação de palavras (decodificação). Quanto maior for o número de entradas lexicais e mais completas elas forem armazenadas na memória, melhor será o processo de decodificação. Além disso, um rico vocabulário, juntamente com um elevado nível de compreensão auditiva ajuda os leitores a se tornarem competentes na integração de palavras com o texto. Vocabulário e compreensão auditiva podem, assim, serem vistos como fatores críticos para o desenvolvimento da capacidade de construir de forma eficiente os modelos de compreensão da leitura.

Estudos internacionais vêm apontando que a consciência morfológica pode ser uma habilidade para explicar os diferentes perfis de dificuldade de leitura em crianças. Déficit de consciência morfológica também tem sido encontrado em crianças disléxicas (Casalis et al., 2009; Elbro & Arnbak, 1998) e fracos compreendedores de texto (Tighe & Binder, 2012).

O disléxico apresenta dificuldades na relação entre letra e som no reconhecimento das palavras, ou seja, a decodificação torna-se desafiadora para esse grupo. Essas imprecisões na decodificação geram representações falhas na memória lexical gerando lentidão e erros de leitura. Parece que, para os disléxicos, além das dificuldades fonológicas, também irão encontrar dificuldades nas tarefas de consciência morfológica. Como estratégia de compensar esse déficit muitos desses leitores utilizam de pistas sintáticas e semânticas do contexto verbal para reconhecer as palavras do texto (Nicholson, 1991, 1993; Stanovich, Culmningham, & Feemam, 1984). Uma visão apoiada pela teoria interativo-compensatória (Stanovich, 1980), parte do pressuposto de que a leitura envolve várias fontes de conhecimento (lexical, sintático, semântico, textual, enciclopédico etc.) que interagem entre si com uma participação maior ou menor na construção do sentido. Se o leitor tem um déficit numa dessas fontes, ele poderá usar o conhecimento de outro domínio, recorrendo ao mecanismo de compensação para compreender o significado da palavra lida. Desse modo, se os disléxicos podem compensar o déficit fonológico, a consciência morfológica pode ser um personagem importante nessa história.

Um grupo de leitores com dificuldades de compreender textos vem chamando a atenção de pesquisadores da área (Nation, 2005; Nation, Clarke, Marshall, & Durand, 2004; Tong, Deacon, Kirby, Cain, & Parrila, 2012) por possuírem déficits específicos na compreensão de texto, mas apresentarem níveis apropriados de decodificação. Eles não são comparados aos disléxicos, porque suas habilidades fonológicas não são tão comprometidas. Nesse caso, as dificuldades de compreensão leitora advêm das fraquezas semântica e morfológica do acesso lexical no reconhecimento das palavras. Essas dificuldades em compreender textos podem começar a aparecer quando as crianças começam a utilizar textos mais complexos para ler.

Segundo Tong et al. (2012), há um déficit dos pobres compreendedores na capacidade de processamento morfológico das palavras. Para os autores, o conhecimento das estruturas derivacionais das palavras pode auxiliar a criança na compreensão de novas palavras morfologicamente complexas. Esses comprometimentos semânticos são congruentes com déficits leves a moderados nos vocabulários receptivos e expressivos (Nation, 2005). Ao lerem palavras, os leitores com representações léxico-semânticas fracas demoram mais tempo para ativá-las e selecioná-las ao significado delas, afetando o processo da compreensão do texto. Leitores com dificuldades de compreensão demoram mais para estabelecer relações semânticas entre as palavras do texto.

É possível que a habilidade de manipular conscientemente as estruturas morfêmicas das palavras possa ser uma fraqueza para os grupos de leitores com poucas habilidades na compreensão. O conhecimento das estruturas derivacionais das palavras pode auxiliar a criança na compreensão de novas palavras morfologicamente complexas, o que, por sua vez, facilita a compreensão textual. Dito isso, estudos de meta-análise de intervenção em consciência morfológica Bowers, Kirby e Deacon (2010) e Goodwin e Ahn (2013) mostram que crianças com dificuldades na leitura são beneficiadas com esse tipo de instrução.

4.4 Consciência morfológica em adultos com baixo nível de leitura

A compreensão da leitura é uma habilidade complexa que se baseia em uma infinidade de processos cognitivos de ordem superior e inferior (para uma revisão, consulte Cain & Oakhill, 2007). A maior parte da pesquisa sobre os processos cognitivos relacionados à compreensão da leitura tem como base o estudo de crianças em idade escolar. Como já destacamos, há um crescente reconhecimento de que a consciência morfológica desempenha papéis importantes na leitura de palavras e na compreensão da leitura em crianças (Bialystok & Ryan, 1985; Gombert, 1992; Maluf, 2003; Nunes & Bryant, 2006). Há relativamente poucos estudos com adultos (Tighe & Binder, 2012; 2016). A questão colocada neste estudo é: "Qual o papel da consciência morfológica no desenvolvimento da leitura em adultos?". A resposta de tal indagação contribui, em parte, para compreendermos o processo de aquisição da alfabetização de adultos e consequentemente entender se são os mesmos fatores que governam em crianças pequenas.

Estudos com adultos com dificuldades de leitura mostraram que a manipulação intencional dos morfemas pode ser uma estratégia que ajuda os leitores com dificuldades (Cavalli et al., 2017; Law et al., 2015; Metsala et al., 2019). Nessa população, o déficit fonológico constitui a principal causa da dificuldade de leitura, no entanto, alguns adultos conseguiram estudar com sucesso em nível universitário por utilizarem estratégias compensatórias para as dificuldades fonológicas.

Law et al. (2015) compararam três grupos: os disléxicos compensados, disléxicos fonológicos e leitores adultos sem dificuldades de leitura. Surpreendentemente, a pontuação dos testes de consciência morfológica dos disléxicos fonológicos foi significativamente inferior às pontuações dos disléxicos compensados e dos leitores adultos sem dificuldade. Esses achados reforçam a noção de morfologia desempenhando um papel ativo na compensação de disléxicos.

Os estudos de estudantes universitários disléxicos compensados mostram que suas habilidades de consciência morfológica estão intactas para remediar suas dificuldades de leitura (Cavalli et al., 2017; Metsala et al., 2019). Isso indica que de alguma forma a consciência morfológica serviu como uma ferramenta de compensação para o desenvolvimento da leitura. Assim, diante das dificuldades da fonológicas, a dimensão da semântica dos morfemas pode servir de apoio na leitura.

Como vimos, os adultos com dificuldade fonológica utilizam da manipulação morfêmica das palavras para compensar suas dificuldades na leitura. Nós indagamos, ainda que prematuramente, se não seria o mesmo raciocínio para os adultos iniciantes no processo de alfabetização e que possuem nível mais baixo de consciência fonológica. Como citamos anteriormente, como estratégia de compensar esse déficit fonológico muitos desses leitores utilizam de pistas sintáticas e semânticas do contexto verbal para reconhecer as palavras do texto (Stanovich, 1980). Se o caso é parecido com os adultos com dificuldades de leitura, o mesmo pode acontecer com os adultos com baixo nível de escolaridade.

O estudo de Tighe e Binder (2012) examinou as habilidades morfológicas em uma amostra de adultos com baixo nível de alfabetização. O estudo encontrou dois resultados importantes. O primeiro indicou que a consciência morfológica é um preditor importante da compreensão de leitura de adultos, além da consciência fonológica. Já o segundo, indicou que os adultos com baixas habilidades de alfabetização são vulneráveis à complexidade morfológica da palavra e que são mais precisos em reconhecer palavras no contexto do que isoladamente. Posteriormente, Tighe e Binder (2016) compararam o desempenho de consciência morfológica de estudantes universitários com boas habilidades de leitura e adultos com baixo nível de alfabetização. O resultado indicou que a consciência morfológica foi preditor significativo de leitura de palavras e compreensão de leitura em ambos os grupos após controlar a leitura de palavras e pseudopalavras.

Fracasso, Bangs e Binder (2016) realizaram estudo em que objetivo entender melhor as contribuições relativas da decodificação fonológica e da consciência morfológica para a ortografia, vocabulário e compreensão textual em uma amostra de estudantes adultos iniciantes no professor de leitura. O estudo mostrou que a decodificação fonológica foi um preditor único da habilidade de ortografia, compreensão auditiva e compreensão textual. Também descobriram que a consciência morfológica era um preditor exclusivo da habilidade de ortografia, vocabulário e compreensão auditiva. A consciência morfológica contribuiu indiretamente para a compreensão da leitura por meio do vocabulário.

Apesar de não haver ainda uma consolidação de estudos na área dos leitores iniciantes adultos, pode-se começar a iniciar ligeiras considerações de que as pesquisas sobre os impactos da consciência morfológica na leitura entre crianças e adultos estão indo na mesma direção. Os achados desta pesquisa sugerem que a consciência morfológica é um importante contribuinte para a compreensão da leitura, o que pode também ser verdade para os adultos que estão iniciando o processo de aprendizagem da leitura. A capacidade de dividir palavras morfologicamente complexas em seus constituintes mórficos permite que um leitor use o conhecimento dos significados dos morfemas para inferir significados de palavras morfologicamente complexas desconhecidas. O sistema de morfemas, portanto, é um recurso poderoso para aqueles que estão aprendendo a alfabetização.

O presente capítulo contribui para a literatura existente sobre adultos com baixo nível de alfabetização e demonstra que a consciência morfológica pode ser um componente importante da habilidade de compreensão de leitura para essa população. Isso pode ter implicações importantes para os programas de Educação de Jovens Adultos, pois ensinar explicitamente os adultos a entenderem as regras morfológicas e como decompor palavras em morfemas pode melhorar sua consciência morfológica, conhecimento de vocabulário e, posteriormente, habilidades de compreensão de leitura.

4.5 Contribuições educacionais (conclusão)

A Educação de Jovens e Adultos (EJA) surgiu no Brasil na década de 30 e foi elaborada como uma escola noturna cuja finalidade era educar trabalhadores que não tinham tempo para frequentar a escola durante o dia. Com o passar das décadas, a EJA tornou-se uma modalidade de ensino e foi pensada para atender a esse público de modo mais eficaz, passando pelas (desde a alfabetização, que é nosso foco, até o ensino médio) etapas escolares mas de forma adequada para o aluno adulto (Friedrich et al., 2010).

Hoje, o Brasil não possui nenhum documento educacional específico para a EJA. Entretanto, possui algumas regulamentações específicas para esse público que estão presentes na Base Nacional Comum Curricular (BNCC) para a educação básica, incluído no que se chama de diretrizes para a EJA (Sampaio et al., 2022).

Estudar sobre o papel das habilidades metalinguísticas em adultos leitores iniciantes, portanto, é conceber uma visão de alfabetização de adultos baseada em evidências, com intervenções mais eficazes. Além disso, esses alunos adultos têm uma limitada quantidade de tempo para instrução formal, devido a compromissos de trabalho e com a família, o que indica a necessidade de identificar técnicas de instrução apropriadas e que garantam a este adulto o exercício de sua autonomia.

REFERÊNCIAS

Bialystok, E., & Ryan (1985). Toward a definition of metalinguistic skill. *Merril-Palmer*, 31(3), 229-251.

Bradley, L., & Bryant, P. (1983). Categorizing sounds and learning to read - a causal connection. *Nature*, 301, 419-421.

Capovilla, A., & Capovilla, F. (2000). Efeitos do treino de consciência fonológica em crianças com baixo nível socioeconômico. *Psicologia Reflexão e Crítica*, 13(1), 7-24.

Cardoso-Martins, C., Mesquita, T., & Ehri, L. (2011). Letter names and phonological awareness help children to learn letter sound relations. *Journal of Experimental Child Psychology*, 109, 25-38.

Carlisle, J., & Katz, L. (2006). Effects of word and morpheme familiarity on reading of derived words. *Reading and Writing: An Interdisciplinary Journal*, 19, 669-693.

Carlisle, J. (2000). Awareness of the structure and meaning of morphologically complex words: Impact on reading. *Reading and Writing: An Interdisciplinary Journal*, 12, 169-190.

Corrêa, M. F., & Cardoso-Martins, C. (2012). O Papel da Consciência Fonológica e da Nomeação Seriada Rápida na Alfabetização de Adultos. *Psicologia: Reflexão e Crítica*, 25(4), 802-808.

Deacon, S. H., & Kirby, J.R. (2004). Morphological awareness: Just —more phonologicall? The roles of morphological and phonological awareness in reading development. *Applied Psycholinguistics*, 25, 223-238.

Deacon, S. H., Benere, J., & Pasquarella, A. (2013). Reciprocal relationship: children's morphological awareness and their reading accuracy across grades 2 to 3. *Developmental Psychology*, 49(6), 1113-1126.

Ehri, L. (2005). Development of sight word reading: phases and findings. In M. Snowling & C. Hulme (Eds.), *The Science of Reading: a handbook* (pp. 135-154). Malden: Blachwell Publishing.

Foucault, M. (2014). *A ordem do discurso*. São Paulo: Edições Loyola.

Freitas Jr, P. V., Mota, M. M. P. E., & Deacon, S. H. (2018). Morphological awareness, word reading, and reading comprehension in Portuguese. *Applied Psycholinguistics*, 39(3), 507-525. DOI: 10.1017/S0142716417000479

Friedrich, M., Benite, A. M. C., Benite, C. R. M., & Pereira, V. S. (2010). Trajetória da escolarização de jovens e adultos no Brasil: de plataformas de governo a propostas pedagógicas esvaziadas. *Ensaio: Avaliação E Políticas Públicas Em Educação*, 18(67), 389-410. DOI: https://doi.org/10.1590/S0104-40362010000200011

Gombert, J. (1992). *Metalinguistic Development*. Hertfordshire: Harverster Whesheaf.

Guimarães, S. B., & Mota, M. M. P. E. da (2016). Qual a contribuição da consciência morfológica das crianças na precisão de leitura de palavras e compreensão de texto no português? *Estudos de Psicologia (Natal)*, 21(3), 239-248. DOI: https://doi.org/10.5935/1678-4669.20160023

Instituto Brasileiro de Geografia e Estatística (2020). *Pesquisa Nacional por Amostra de Domicílios Contínua 2019: Educação*. Rio de Janeiro: IBGE. Recuperado de https://biblioteca.ibge.gov.br/visualizacao/livros/liv101761_informativo.pdf

Kessler, B., Pollo, P., Treiman, R., & Cardoso-Martins, C. (2013). Frequency Analyses of Prephonological Spellings as Predictors of Success in Conventional Spelling. *Journal of Learning Disabilities*, 46(3), 252-259.

Kirby, J., Deacon, S. H., Bowers, P., Izenberg, L., Wade-Woolley, L., & Parrilla, R. (2012). Children morphological awareness and reading ability. *Reading and Writing: An Interdisciplinary Journal*, 25, 389-410.

Lucio, P. S., Lima, T. H. de, Jesuíno, A. D. S. A., & Rueda, F. J. M. (2018). Compreensão de leitura e consciência morfológica em crianças do Ensino Fundamental. *Estudos Interdisciplinares Em Psicologia*, 9(3supl), 112-131. DOI: https://doi.org/10.5433/2236-6407.2018v9n3suplp112

Maluf, M., & Barrera, S. (1997). Consciência Fonológica e linguagem escrita em pré-escolares. *Psicologia Reflexão e Crítica*, 10(1), 125-145.

Maluf, M. (Org.). (2003). *Metalinguagem e aquisição da escrita: Contribuições da pesquisa para a prática da alfabetização*. São Paulo: Casa do Psicólogo.

Ministério da Educação (2017, janeiro 20). *Brasil Alfabetizado será ampliado em 2017 e atenderá 250 mil jovens e adultos*. Recuperado de http://portal.mec.gov.br/ultimas-noticias/ 204-10899842/39281-brasil-alfabetizado-sera-ampliado-em--2017-e-atendera-250-mil-jovens-e-adultos

Mota, M. M. E. P. da., & Castro, N. R. de. (2007). Alfabetização e consciência metalingüística: um estudo com adultos não alfabetizados. *Estudos de Psicologia (Campinas)*, 24(2), 169-179. DOI: https://doi.org/10.1590/S0103-166X2007000200004

Mota, M., Besse, A-S., Dias, J., Paiva, N., Mansur-Lisboa, S., & Silva, D. A. (2011). O Desenvolvimento da Consciência Morfológica nos Estágios Iniciais da Alfabetização. *Psicologia: Reflexão e Crítica*, 24(1), 144-150.

Mota, M., Toledo, M., Bastos, R., Dias, J., Paiva, N., Mansur-Lisboa, S. F., & Silva, D. A. (2012). Leitura Contextual e Processamento Metalinguístico no Português do Brasil: Um estudo longitudinal. *Psicologia: Reflexão e Crítica*, 25(2), 114-120.

Nunes, T., & Bryant, P. (2006). *Improving Literacy by Teaching Morphemes*. London: Routlege.

Oliveira, B. S. F. de, & Justi, F. R. dos R. (2017). A contribuição da consciência morfológica para a leitura no português brasileiro. *Psicologia: Teoria e Prática*, 19(3), 270-286. DOI: https://dx.doi.org/10.5935/1980-6906/psicologia.v19n3p270-286

Oliveira, M., Levesque, K. C., Deacon, S. H., & Mota, M. M. P. E. (2020). Evaluating models of how morphological awareness connects to reading comprehension: A study in Portuguese. *Journal of Research in Reading*, 43(2), 161-179. DOI: 10.1111/14679817.12296

Ramos, K. O. (2010). Analfabetismo funcional na educação de jovens e adultos [Especialização, Faculdade de Educação – UAB, Universidade de Brasília, Distrito Federal].

Rispens, J., McBride-Chang, C., & Reitsma, P. (2008). Morphological awareness and early and advanced word recognition and spelling in Dutch. *Reading and Writing: An Interdisciplinary Journal*, 21, 587-607.

Satico, A. F., & Souza, R. S. de (2019). Compreensão de leitura e consciência morfológica no ensino fundamental I. *Estudos Interdisciplinares em Psicologia*, 10(2), 03-19. Recuperado de http://pepsic.bvsalud.org/scielo.php?script=sci_arttext&pid=S2236-64072019000200002&lng=pt&tlng=pt

Sampaio, C. E. M., & Hizim, L. A. (2022). A educação de jovens e adultos e sua imbricação com o ensino regular. *Revista Brasileira De Estudos Pedagógicos*, 103(264), 271-298. DOI: https://doi.org/10.24109/2176-6681.rbep.103i264.5135

Snowling, M., & Hulme, C. (Org.). (2005). *The science of reading: a handbook*. Oxford: Blackwell.

Thompson, W., Tunmer, W., & Nicholson, T. (1993). *Reading acquisition processes*. Clevedon: Multilingual Matters.

Tong, X., Deacon, S., Kirby, J., Cain, K., & Parrila, R. (2011). Morphological awareness: a key to understanding poor reading comprehension in English. *Journal of Educational Psychology*, 103(3), 523-534.

Tunmer, W. (1990). The role of Language prediction skills in beginning reading. *New Zealand Journal of education studies*, 25(2), 95-112.

Verhoeven, L., & Leeuwe, J. (2012). Simple view of second language reading. *Reading and Writing*, 25, 1805-1818.

CAPÍTULO 5

CONSIDERAÇÕES ACERCA DE DIFERENTES RECURSOS METODOLÓGICOS E ANALÍTICOS ADOTADOS NA INVESTIGAÇÃO DE HABILIDADES METATEXTUAIS EM CRIANÇAS

Alina Galvão Spinillo
Jane Correa

Introdução

Há muito, as habilidades textuais de crianças têm sido objeto de estudo por parte de pesquisadores de diferentes áreas do conhecimento, como a psicologia cognitiva e a educação. Dentre essas habilidades, duas têm sido frequentemente investigadas: a produção e a compreensão de textos orais e escritos. Em uma perspectiva psicológica, o interesse recai sobre os fatores envolvidos na aquisição dessas habilidades e sobre como elas se desenvolvem, passando de domínios mais elementares para aqueles mais elaborados. Em uma perspectiva educacional, o interesse recai sobre como desenvolver essas habilidades, procurando criar formas de intervir para promover o desenvolvimento linguístico dos estudantes e auxiliá-los na superação das dificuldades com as quais se deparam ao produzirem e compreenderem textos.

Contudo, além dessas duas perspectivas, há uma terceira vertente que remete a uma discussão de natureza metodológica acerca de como a produção e a compreensão textual têm sido investigadas. Essa discussão tem um valor especial para os pesquisadores, uma vez que permite conhecer quais recursos metodológicos têm sido empregados e o que eles efetivamente avaliam acerca desses tópicos. Tanto nas pesquisas sobre a produção (e.g., Spinillo & Correa, 2020) como naquelas sobre a compreensão de textual (e.g., Spinillo, Hodges, & Arruda, 2016), verifica-se que os pesquisadores adotam uma grande variedade de formas de investigar essas habilidades. Segundo esses autores, há uma estreita relação entre método de investigação e o dado gerado a partir dele, de modo que as opções metodológicas utilizadas em uma pesquisa são tão importantes quanto o próprio resultado.

O presente capítulo dá continuidade a uma discussão desta natureza, tecendo considerações sobre recursos metodológicos e analíticos utilizados em pesquisas que investigam as habilidades metatextuais de crianças. Ainda que relevantes, essas considerações são notadamente menos frequentes que aquelas sobre produção e compreensão de textos. Assim, conhecer os recursos metodológicos empregados e as maneiras de analisar os dados gerados a partir deles pode contribuir para se ter uma visão mais clara daquilo que os métodos permitem efetivamente examinar a respeito das habilidades metatextuais e, assim, avançar no conhecimento sobre este tema.

Sem se propor a realizar um levantamento exaustivo e sistemático dos recursos metodológicos adotados na pesquisa sobre habilidades metatextuais em crianças e considerando o foco da obra em que este capítulo se insere, o presente capítulo se limita a apresentar e discutir as principais tarefas utilizadas pelos pesquisadores no Brasil, tarefas essas descritas em pesquisas publicadas sob forma de artigos em periódicos nacionais e sob forma de capítulos de livros publicados por editoras nacionais. Essas tarefas consistem em medidas informais de avaliação, não se caracterizando como medidas formais que são instrumentos estandardizados aplicados em larga escala que obedecem a controles de diferentes tipos, sendo descritas suas propriedades psicométricas. Essa importante distinção entre medidas formais e informais é feita por Cadime (2011), no campo da avaliação psicológica, sendo aqui adotada. Importante ressaltar que medidas informais trazem contribuições relevantes para a ciência e suas aplicações, por exemplo, descrever o processo de desenvolvimento de uma dada habilidade e detectar dificuldades específicas encontradas nesse desenvolvimento. Medidas informais são denominadas tarefas, como aquelas descritas adiante. Antes, porém, de apresentá-las, é necessário tecer considerações acerca do que vem a ser habilidades metatextuais.

5.1 Habilidades metatextuais

A função primária da linguagem é a de comunicação. Contudo, existe uma função secundária que é a de ser ela própria objeto de reflexão e análise, tornando-se o foco de atenção por parte do indivíduo. Essa função secundária tem sido investigada em duas perspectivas: a linguística e a psicolinguística.

Na perspectiva linguística, essa função secundária é de autorreferenciação, denominada metalinguagem (*metalanguage*), que envolve a criação de termos linguísticos para referir-se à própria linguagem (Jacobson, 1963). Assim, termos como frase, palavra, sílaba, morfema e outros mais permitem que a linguagem se refira a ela mesma.

Na perspectiva psicolinguística, essa função secundária é considerada uma atividade realizada por um indivíduo que trata a linguagem como um objeto cujas características podem ser examinadas, distanciando-se dos seus usos comunicativos para analisá-la e manipulá-la deliberadamente. Camps e Milian (2000) comentam que a atividade metalinguística consiste na capacidade de tratar a linguagem como um observador e não apenas como um usuário. Nessa mesma direção, Cazden (1974) e Tolchinsky (2000) ressaltam que ao realizar essa atividade, a linguagem deixa de ser transparente (meio de comunicação) para ser opaca, tornando-se alvo de atenção deliberada e consciente.

Dentro desse enfoque emerge o termo consciência metalinguística (*metalinguistic awareness*) adotado por diversos autores na literatura (e,g., Barrera & Maluf, 1997; Bialystok, 1993; Cazden, 1974; Herriman, 1986; Nesdale & Tunmer, 1984; Pratt & Gieve, 1984; Tunmer & Herriman, 1984). Essa consciência não é um construto unitário, subdividindo-se em diferentes tipos de acordo com a instância linguística que é considerada: o fonema, a palavra, a sintaxe e o texto. Dessa forma, tem-se a consciência fonológica, a morfológica, a sintática e a textual (Gombert, 1992; Herriman, 1986; Garton & Pratt, 1998; Pratt & Grieve, 1984; Tunmer & Herriman, 1984). Essa última foi proposta por Gombert (1992) que, adotando a perspectiva psicolinguística acerca das atividades metalinguísticas, cunha o termo desenvolvimento metatextual.

De acordo com Gombert (1992), as atividades metatextuais requerem que aquele que as realiza trate o texto como objeto de reflexão e análise cujas propriedades podem ser examinadas a partir de um monitoramento intencional e deliberado em que o indivíduo focaliza sua atenção no texto, e não em seus usos. Situações em que o texto é usado para a comunicação (como em situações de produção e de compreensão de textos orais ou escritos) envolvem atividades linguísticas. Nessas situações, a atenção se volta para as ideias e informações que se deseja comunicar e para os significados que podem ser atribuídos ao texto. Em tais circunstâncias, não é necessário refletir sobre a estrutura do texto, suas propriedades e características.

Na realidade, uma atividade metatextual seria de outra natureza, quando, por alguma razão, torna-se necessário, de forma consciente e deliberada, atentar para as propriedades do texto, como sua organização e convenções linguísticas. É essa atividade que permite, por exemplo, que o indivíduo identifique que uma história está incompleta, percebendo que falta a parte inicial que trata da introdução da cena e dos personagens; ou julgue se o texto que lhe foi apresentado é uma história, uma carta ou uma notícia de jornal, atentando para as características que definem um texto como sendo de um determinado gênero. Em ambos os exemplos, a atenção do indivíduo, de forma deliberada e consciente, volta-se para o texto em si mesmo.

Como mencionado em estudos anteriores (Spinillo, 2009; Spinillo & Simões, 2003), é possível observar que em pesquisas sobre produção e compreensão de textos muitas vezes as tarefas propostas aos participantes envolvem habilidades metatextuais, ainda que elas próprias não sejam o objeto de investigação. Esse é o caso da investigação conduzida por Spinillo, Rego, Lima e Souza (2002) sobre relações coesivas em um texto, do estudo de Spinillo e Lima (2005) sobre o uso de marcas de pontuação em um texto narrativo, e da pesquisa de Spinillo (2015) sobre revisão textual em crianças. No Brasil, alguns estudos examinam as relações entre habilidades metatextuais e compreensão (e.g., Baretta & Pereira, 2019; Chaves, 2021; Cunha & Santos, 2019; Santos, Ferraz & Rueda, 2018; Spinillo, Mota, & Correa, 2010; Lopes, 2016; Pereira, Borges, Schmidt & Baretta, 2020) e entre essas habilidades e a produção de textos (e.g., Nobile & Barrera, 2018; Pinheiro & Guimarães, 2016; Pinheiro & Leitão, 2007). Apesar da relevância inquestionável dessas investigações, são discutidas neste capítulo tarefas adotadas em pesquisas que examinam especificamente as habilidades metatextuais de crianças em uma perspectiva de desenvolvimento, sem que tivessem por objetivo relacioná-las a outras habilidades. Além disso, as discussões a seguir tomam por base trabalhos publicados sob forma de artigos e de capítulos de livros

5.2 Tarefas adotadas na pesquisa sobre habilidades metatextuais

Segundo Spinillo e Simões (2003), as habilidades metatextuais têm sido examinadas por meio de uma técnica de investigação denominada *off-line* (ver Karmiloff-Smith, 1995) que está em perfeito acordo com o conceito de atividade metalinguística adotado pelos estudiosos da área (e.g., Camps & Milian, 2000; Cazden, 1974; Tolchinsky, 2000) e com a definição de atividade metatextual proposta por Gombert (1992). Essa técnica permite que o texto seja tomado como objeto de reflexão e análise, e não como um objeto de comunicação; ou seja, o texto com o qual o indivíduo se depara é uma instância a ser analisada e manipulada em uma situação fora de um contexto de uso.

Essa técnica tem sido observada em inúmeras pesquisas no Brasil, sendo feitas variações nas tarefas apresentadas às crianças que participam dessas investigações. Contudo, apesar dessas variações metodológicas, essas pesquisas têm em comum o fato de examinarem a capacidade da criança em refletir sobre as propriedades e organização geral de textos. Analisando-se as tarefas nessas investigações, é possível classificá-las em tarefas de julgamento e tarefas de definição, como apresentado a seguir.

5.3 Tarefas de julgamento

Essas tarefas requerem que os participantes emitam julgamentos relativos a textos-estímulo que lhes são apresentados. As pesquisas que adotam essas tarefas incluem em seus procedimentos a solicitação de justificativas acerca dos julgamentos emitidos pelos participantes, independentemente se corretos ou incorretos. Esse procedimento é uma característica marcante dos estudos conduzidos sobre esse tema no Brasil, sendo a análise das justificativas cruciais para se compreender os critérios que as crianças adotam em seus julgamentos.

Embora não se pretenda conduzir uma discussão que retrate a história das pesquisas sobre habilidades metatextuais no Brasil, as tarefas de julgamento descritas a seguir são apresentadas de acordo com o ano da publicação da obra em que elas foram utilizadas. A opção por essa forma de apresentação se deve ao fato de que os resultados obtidos em uma dada investigação serviram de base para pesquisas subsequentes. Essa cronologia permite que sejam observados os avanços graduais nesse campo do conhecimento no cenário nacional.

Stein e Policastro (1984) inovaram ao investigar o conhecimento de crianças acerca da estrutura e organização de textos (no caso, a história) por meio de uma tarefa de julgamento. O procedimento adotado pelas autoras permitia manipular experimentalmente a estrutura do texto. Neste estudo, não havia qualquer menção à metatextualidade, isso porque esse termo só foi cunhado por Gombert anos depois, em 1992. Essa inovação metodológica inspirou pesquisadores como Rego (1996)[1], cujo estudo pioneiro estimulou a realização de inúmeras investigações posteriores no Brasil. Os resultados dessas pesquisas subsidiaram a proposta de um modelo de desenvolvimento da consciência metatextual (Spinillo, 2009) que contempla aspectos epilinguísticos e metalinguísticos considerados relevantes nesse processo (Gombert, 2003, 2005, 2013; Lucena & Spinillo, 2018; Maluf, 2010; Paula, Correa, & Spinillo, 2012).

5.3.1 Julgar se um texto é ou não de determinado tipo ou gênero

Esta tarefa requer identificar se um texto apresentado é ou não de um determinado tipo ou gênero. Esse recurso metodológico foi empregado por Rego (1996) ao investigar os critérios adotados por crianças de 7-8 anos relativos a histórias. O procedimento consistia em julgar se um texto-estímulo, lido pela examinadora, era ou não uma história. A pergunta-chave endereçada ao participante era: "Você acha que este texto é ou não uma história?". Os textos-estímulo apresentados eram versões longas e curtas de histórias convencionais completas, histórias sem nexo e histórias incompletas (apenas o começo, apenas o meio e apenas o final). Após a resposta, as crianças eram solicitadas a fornecer justificativas, respondendo perguntas como: "Como descobriu isso?", "Como sabe que é isso?", "Como pensou?". As explicações fornecidas permitiram identificar os critérios por elas adotados em seus julgamentos, a saber: (i) critérios indefinidos; (ii) critérios associados ao tamanho do texto-estímulo (textos longos tendiam a ser considerados histórias); (iii) critérios associados à abertura típica de história (textos que iniciavam com "Era uma vez.." eram considerados histórias); e (iv) critérios associados à organização e à estrutura do texto, i.e., às partes constituintes de história (textos completos com começo, meio e fim eram considerados histórias). Inicialmente, o tamanho do texto e a presença de um início típico de história foram os critérios adotados pelas crianças em seus julgamentos e que o esquema organizacional do texto (suas partes constituintes) foi utilizado como critério apenas pelas crianças mais velhas que haviam concluído o primeiro ano do ensino fundamental, sugerindo que a alfabetização pode ter sido fator importante nesta progressão.

---

[1] Este trabalho foi também publicado em 2005 em uma segunda edição do livro do qual fez parte.

5.3.2 Identificar textos de diferentes tipos ou gêneros

Albuquerque e Spinillo (1997) investigaram as habilidades metatextuais de crianças de 5, 7 e 9 anos em relação a diferentes textos comumente veiculados em uma sociedade letrada, em que a pergunta-chave endereçada à criança era: "Você acha que este texto é uma história, uma carta ou uma notícia de jornal?". Por ser uma pergunta de múltipla escolha, a ordem de apresentação da alternativa correta variava de forma randomizada. Após cada resposta, independentemente se correta ou incorreta, justificativas eram solicitadas, perguntando-se: "Por que você acha que é uma história/ uma carta/uma notícia de jornal?" ou "Como pensou para descobrir isso?". Os dados foram analisados em função das respostas corretas e das justificativas fornecidas. A análise das justificativas permitiu identificar os critérios adotados na identificação dos diferentes textos:

i.   critérios linguísticos, por exemplo, os marcadores convencionais de abertura e fechamento de história ("Era uma vez..", "Foram felizes para sempre.") e de carta (saudação e despedida).

ii. critérios baseados no conteúdo próprio de cada tipo de texto, por exemplo, na história o conteúdo é ficcional; na carta é verídico, afetivo e pessoal; enquanto na notícia de jornal o conteúdo é verídico e de interesse público.

iii. critérios baseados na função que o texto desempenha na sociedade, por exemplo, a carta tem a função de dar e procurar obter informações pessoais e a notícia de jornal tem a função de divulgar informações relevantes para o público.

A frequência no uso desses critérios variava de acordo com o texto apresentado. Observou-se que a função social não foi utilizada no julgamento de histórias que eram mais frequentemente identificadas por seus marcadores linguísticos do que pelos demais critérios. Com base no desempenho na identificação dos textos e na capacidade de explicitar os critérios utilizados, foi possível classificar os participantes em níveis quanto às habilidades metatextuais que apresentavam:

Nível I: crianças que não identificavam o texto corretamente e nem, tampouco, mencionavam os critérios que adotavam em seus julgamentos.

Nível II: crianças que identificavam o texto corretamente, mas que não mencionavam os critérios que adotavam em seus julgamentos.

Nível III: crianças que identificavam corretamente o texto e usavam critérios vagos.

Nível IV: crianças que identificavam o texto corretamente e eram capazes de explicitar de forma clara os critérios adotados (linguísticos, de conteúdo e de função).

Importante comentar que esses níveis variavam de um texto a outro em relação a um mesmo participante, ou seja, uma mesma criança poderia ser Nível I ao julgar carta e Nível IV ao julgar história, por exemplo. Esses níveis refletem uma progressão quanto à habilidade em identificar diferentes textos, progressão que vai desde identificação incorreta, passando pela capacidade de identificar apropriadamente os textos sem, contudo, explicitar os critérios adotados, até a capacidade de identificar corretamente e explicitar os critérios adotados.

Esta mesma tarefa foi utilizada por Spinillo e Pratt (2005) em estudo que tinha por objetivo examinar o conhecimento sobre história, carta e notícia de jornal apresentado por crianças oriundas de diferentes classes sociais e com experiências escolares e extraescolares bastante distintas: um grupo formado por crianças de classe média (7-8 anos), alunas do 2º ano do ensino fundamental, e outro grupo formado por crianças moradoras de rua (9-10 anos), com pouca ou nenhuma escolaridade. Os dados mostraram que os critérios adotados pelas crianças de ambos os grupos eram os mesmos identificados no estudo de Albuquerque e Spinillo (1997) e que o conhecimento sobre textos variava em função das experiências cotidianas que os participantes tinham com os tipos de textos investigados. Barros e Spinillo (2011) também utilizaram essa tarefa de identificação, partindo do pressuposto que o conhecimento sobre textos de diferentes tipos seria, dentre outros aspectos, um indicador de letramento.

5.3.3 Julgar se um texto está completo ou incompleto

Essa tarefa originalmente adotada por Albuquerque e Spinillo (1998a, 1998b), direciona a atenção da criança para a estrutura do texto, levando-a a refletir sobre suas partes constituintes. Inicialmente, após lerem um texto-estímulo, as autoras fizeram a seguinte pergunta para crianças de 5, 7 e 9 anos: "Esse texto está completo ou incompleto?". Os textos-estímulo eram história, carta e notícia de jornal apresentados em uma versão completa e em uma versão incompleta (apenas o início, apenas o meio ou apenas o final do texto). Justificativas eram solicitadas após cada resposta, independentemente se corretas ou incorretas, por meio de perguntas como: "Por que você acha que está in/completo?" ou "Como pensou para descobrir isso?". As explicações fornecidas permitiram identificar os diferentes critérios adotados ao julgarem a completude e incompletude dos textos-estímulo apresentados. Critérios linguísticos e relativos ao conteúdo foram mencionados, como observado no estudo anterior (Albuquerque & Spinillo, 1997). Contudo, devido à natureza da tarefa envolver a segmentação dos textos em suas partes constituintes, foi possível identificar critério especificamente relacionado à estrutura típica de história, carta e notícia de jornal. O uso da estrutura como critério revelava a capacidade de especificar as partes ausentes que eram necessárias para que o texto ficasse completo.

Assim como no estudo anterior (Albuquerque & Spinillo, 1997), o uso dos critérios variava de acordo com o texto apresentado, de modo que a estrutura e aspectos linguísticos foram observados apenas no julgamento de história e de carta. De acordo com as autoras, isso decorre do fato de que a estrutura de história e carta ser mais bem definida que a da notícia de jornal; além disso, na história, a abertura e o fechamento são evidentes para crianças, assim como a despedida afetiva é o elemento mais saliente na carta. Desse modo, o tipo de texto é fator importante no uso dos critérios.

Assim como na pesquisa anterior (Albuquerque & Spinillo, 1997), as crianças foram classificadas em níveis quanto às habilidades metatextuais que apresentavam:

Nível 1: crianças que não demonstram capacidade de refletir sobre as partes constituintes do texto e nem de apresentar critérios definidos de julgamento.

Nível 2: crianças que adotam critérios definidos em seus julgamentos, porém esses critérios não envolvem uma análise da estrutura do texto, baseando-se no conteúdo e nos aspectos linguísticos.

Nível 3: crianças que utilizam como critério a estrutura do texto, sendo capazes de identificar a parte presente e/ou ausente no texto-estímulo apresentado, demonstrando conhecer a estrutura organizacional e os elementos constituintes dos textos.

Esses níveis revelaram uma progressão que vai desde o uso de critérios indefinidos, passando por critérios definidos que não envolviam a estrutura do texto; até um nível em que a estrutura do texto era adotada como critério, levando ao acerto em todos os itens da tarefa. Mais uma vez, as autoras observaram que esses níveis não são alcançados em relação a todos os tipos de textos investigados, uma vez que uma mesma criança pode apresentar uma habilidade metatextual mais avançada em relação a um determinado tipo e menos avançada em relação a outro. Por exemplo, os dados mostraram que o Nível 3 não foi alcançado em relação à notícia. Segundo as autoras, a estrutura organizacional da notícia não é tão evidente como é a estrutura da história e da carta. Assim, confirmou-se a conclusão de que não apenas a idade e escolaridade são fatores importantes nessa evolução, mas também a natureza do texto.

5.3.4 Identificar a parte que está faltando em um texto incompleto

Assim como a anterior, essa tarefa também direciona a atenção para a estrutura do texto, uma vez que requer que a criança seja capaz de identificar, em um texto incompleto, a parte que está faltando. Esse recurso metodológico foi utilizado por Lucena e Spinillo (2018) ao examinarem os aspectos epilinguísticos e metalinguísticos da consciência metatextual e o papel da alfabetização. O estudo, realizado com crianças de 7 anos, voltava-se apenas para a história e envolvia duas tarefas: uma de natureza epilinguística que requeria um conhecimento tácito e geral sobre história; e outra de natureza metalinguística que requeria um conhecimento consciente e específico acerca das partes constituintes desse tipo de texto. A tarefa epilinguística foi uma replicação daquela utilizada por Albuquerque e Spinillo (1998a). Oito textos-estímulo foram lidos um por vez pela examinadora, sendo quatro deles histórias completas e quatro incompletas (duas sem o início e duas sem o final). Cada participante respondia a seguinte pergunta: "Esse texto está completo ou incompleto?". Na tarefa metalinguística, oito textos-estímulo foram lidos um por vez pela examinadora, sendo todos histórias incompletas (quatro sem o final e quatro sem o início). A criança era informada que a história estava incompleta e, após a apresentação do texto-estímulo, tinha que responder a seguinte pergunta: "Esta parte que está faltando é o começo ou o final de uma história?". Respondida a pergunta, a criança era solicitada a justificar sua resposta.

Na tarefa epilinguística, os dados foram analisados apenas em função do número de acertos, uma vez que justificativas não foram solicitadas. Na tarefa metalinguística, os dados foram analisados a partir das justificativas que expressavam os critérios adotados para identificar a parte que estava faltando:

i. critérios linguísticos baseados nos marcadores convencionais de abertura e fechamento de história ("Era uma vez..", "Foram felizes para sempre.").

ii. critérios baseados no conteúdo, havendo menção a passagens específicas presentes no texto-estímulo, como eventos e personagens.

iii. critérios baseados na estrutura típica de história, havendo menção às suas partes constituintes (início-e final).

O uso da estrutura como critério revelava a capacidade da criança em especificar as partes ausentes que eram necessárias para que o texto ficasse completo.

Considerando os objetivos deste estudo, os dados revelaram que tanto crianças alfabetizadas como não alfabetizadas apresentaram desempenho semelhante na tarefa epilinguística. Todavia, na tarefa metalinguística, as alfabetizadas tiveram um melhor desempenho que as não alfabetizadas que experimentaram muitas dificuldades em identificar as partes constituintes de história e explicitar os critérios adotados. As crianças alfabetizadas tiveram um bom desempenho em ambas as tarefas. A conclusão foi que, embora as crianças ainda não alfabetizadas possuam um conhecimento epilinguístico, a alfabetização contribui para o desenvolvimento do conhecimento metalinguístico relativo às habilidades metatextuais.

5.4 Tarefa de definição de textos

Essa tarefa consiste em solicitar que o participante responda à seguinte pergunta: "Para você, o que é uma história/uma carta/uma notícia de jornal?". Spinillo e Silva (2014) endereçaram essa pergunta a crianças de 7 e 9 anos. As definições fornecidas faziam menção a critérios que estavam associados a características intra e extratextuais dos diferentes textos. Por exemplo, o conteúdo, a estrutura e as convenções linguísticas próprias dos textos investigados consistiam em critérios de natureza intratextual. Por sua vez, os aspectos gráficos dos textos, seus portadores[2], suas funções na sociedade

---

[2] Segundo Moreira (1992), portadores de textos são objetos que carregam um texto como jornal, livro, bula de remédio, cartão de Natal etc. Um texto pode ser veiculado por meio de diferentes portadores e um mesmo portador pode veicular textos de diferentes tipos ou gêneros. Por exemplo, uma receita culinária tem como portadores o livro de receitas e o jornal em sua sessão de gastronomia. Por outro lado, um livro pode ser o portador de receitas culinárias ou de histórias infantis.

eram critérios de natureza extratextual. Esses critérios eram adotados isoladamente, apenas um critério era mencionado, ou de forma combinada em uma mesma definição mais de um critério era mencionado. As definições fornecidas foram assim classificadas:

Definição 1: definição baseada em critérios vagos e subjetivos.

Definição 2: definições que faziam referência a apenas um critério, sendo ele de natureza extratextual (aspectos gráficos, portadores e funções dos textos).

Definição 3: definições híbridas que combinavam dois ou mais critérios intratextuais (estrutura e conteúdo, estrutura e convenções linguísticas, conteúdo e convenções linguísticas) e definições em que um dos critérios era intratextual e os demais extratextuais (função e estrutura, função e conteúdo, conteúdo e estrutura).

Essas definições expressam uma progressão quanto ao conhecimento sobre textos de diferentes tipos ou gêneros, especificamente quanto à habilidade metatextual. Nessa progressão, merece destaque a capacidade da criança de combinar diversos critérios em sua definição, incluindo critérios intratextuais (estrutura, convenções linguísticas), como observado na Definição 3, considerada a mais elaborada.

Os resultados mostraram que aos 7 anos as crianças apresentavam dificuldades em definir textos e quando o faziam tendiam a adotar critérios isolados. Por outro lado, aos 9 anos forneciam definições baseadas em critérios precisos e combinados. Como observado em estudos anteriores, os critérios variavam tanto em função da idade e escolaridade como em função do texto que estava sendo definido.

5.5 Conclusões

O foco do presente capítulo foi a descrição de tarefas adotadas pelos pesquisadores brasileiros para investigar habilidades metatextuais em crianças e as formas de análise por eles utilizadas. Contudo, é necessário concluir algo, destacando pontos relevantes a partir do que foi apresentado, e as derivações e avanços que essas tarefas trouxeram para a área. Esses pontos são tratados a seguir.

5.5.1 Diferenças entre julgar e definir

Como mencionado, as tarefas identificadas nas pesquisas anteriormente descritas foram classificadas em tarefas de julgamento e tarefas de definição. Tarefas de julgamento requerem que as crianças emitam opiniões e façam escolhas relativas a uma dada situação que lhe é apresentada. Essas tarefas são de múltipla escolha, de modo que o participante é solicitado a escolher uma dentre duas ou mais alternativas. No caso das pesquisas discutidas neste capítulo, as situações consistiam em textos-estímulo completos ou incompletos, segmentados ou na íntegra que consistiam em textos de diferentes tipos (história, carta e notícia de jornal). Tarefa de definição, por sua vez, é uma tarefa aberta que demanda das crianças realizar uma operação verbal no sentido de produzirem algo, no caso um enunciado que tenha um grau de generalidade. Na realidade, definir envolve um sistema de relações que requer pensar em termos de uma categoria ampla que englobe diversos casos. Isso implica a ideia de hierarquia de classes (por exemplo, ser uma história) e subclasses (por exemplo, o texto A, o texto B e o texto C são histórias), noção essa fundamental na formação de conceitos como há muito defendido por Luria (1990) e Vygotsky (1991). Assim, o método de definição, além de requerer a produção de um enunciado verbal, requer também um grau de generalidade que possa incluir em uma mesma categoria diversos casos de um conceito. Segundo alguns autores (e.g., Bruner, Goodnow, & Austin, 1956/1967; Lomônaco, Caon, Heuri, Santos, & Franco, 1996; Lomônaco, Paula, Mello, & Almeida, 2001), nessa operação verbal são mencionados os atributos definidores e característicos de algo que é, em última instância, um elemento de uma classe.

Outra diferença que merece ser comentada é que existem variações nas tarefas de julgamento, como pode ser visto nas pesquisas apresentadas, enquanto na tarefa de definição não é possível ter variações. As variações nas tarefas de julgamento eram feitas em função dos objetivos das investigações, havendo aquelas que envolviam a manipulação e segmentação de textos (Rego, 1996; Albuquerque & Spinillo, 1998a; 1998b; Lucena & Spinillo, 2018) e aquelas que requeriam um julgamento mais global que envolvia diferentes tipos de texto (Albuquerque & Spinillo, 1997; Spinillo & Pratt, 2005; Barros & Spinillo, 2011).

Considerando as características desses dois tipos de tarefas, é importante refletir acerca do nível de complexidade de cada uma e o que, de fato, avaliam acerca da consciência metatextual. Do ponto de vista cognitivo, de modo geral, a atividade de julgar uma situação é mais fácil que a atividade de produzir ou realizar algo. Assim, é possível supor que a tarefa de definição é mais complexa que as tarefas de julgamento. Isso parece se confirmar, pois no estudo de Spinillo e Silva (2014) as crianças tiveram muita dificuldade em produzir definições claras e que apresentassem critérios relevantes sobre os textos que estavam sendo definidos.

Apesar das diferenças entre essas tarefas, os dados obtidos por meio delas revelaram os critérios que as crianças adotam acerca do que entendem por textos de naturezas diversas. Esses critérios são, em última instância, aspectos definidores de história, carta e notícia de jornal.

5.5.2 As justificativas, os critérios e o desenvolvimento das habilidades metatextuais

Como mencionado, uma das marcas das pesquisas realizadas no Brasil acerca das habilidades metatextuais é o fato de os participantes serem solicitados a fornecer explicações sobre as bases de seus julgamentos. A análise das justificativas permitiu identificar os critérios adotados pelas crianças ao fazerem seus julgamentos e a inserir a habilidade de explicitar (precisão na explicitação dos critérios) em uma perspectiva de desenvolvimento.

A explicitação verbal é uma instância importante na atividade metatextual, como afirma Gombert (1992, 2003). A dificuldade em explicitar verbalmente seus julgamentos pode ser entendida como um comportamento epilinguístico, enquanto a capacidade de explicitar com precisão seus julgamentos, associada ao uso de critérios apropriados, pode ser entendida como um comportamento metalinguístico. A distinção entre esses comportamentos é crucial para se compreender como se processa o desenvolvimento da consciência metatextual. A esse respeito, é relevante mencionar o papel fundamental da aprendizagem explícita no contexto escolar (Gombert, 2003, 2005; Maluf, 2010; Paula, Correa, & Spinillo, 2012; Spinillo, 2019). Enquanto o conhecimento epilinguístico está associado a experiências informais com textos em diversas situações sociais extraescolares, o conhecimento metalinguístico está associado a experiências escolares de aprendizagem explícita. Isso significa que em termos de desenvolvimento os comportamentos epilinguísticos não serão gradualmente substituídos por comportamentos metalinguísticos. Na realidade, esses comportamentos têm origem distintas e entram em jogo ao longo do desenvolvimento metalinguístico.

No que tange aos critérios adotados nos julgamentos e definições referentes a história, carta e notícia de jornal, o que se observa, de modo geral, é que eles podem ser assim classificados: linguísticos, de conteúdo, relativos à estrutura, às funções que os textos cumprem em uma sociedade e à materialidade do portador que veicula textos de diferentes tipos e gêneros em uma sociedade letrada. O uso desses critérios depende de fatores inerentes aos participantes (como idade e escolaridade) e das propriedades do texto que está sendo objeto de reflexão e análise.

As relações entre critérios adotados e a natureza do texto foram reiteradas em várias pesquisas, fossem elas realizadas por meio de tarefas de julgamento ou de definição. Por exemplo, a estrutura e aspectos linguísticos eram critérios amplamente considerados em relação à história e à carta, não sendo adotados em relação à notícia de jornal. Isso ocorreu porque tanto a história como a carta possuem um estrutura bem definida e convenções linguísticas típicas (abertura e fechamento na história, saudação e despedida na carta). Por outro lado, a notícia não possui uma estrutura fixa e, além disso, assume características de diferentes matrizes (dissertativa, narrativa e descritiva).

Cabe acrescentar que a emergência de um critério em particular também depende das características das tarefas. Por exemplo, critérios relativos à materialidade do texto (aspectos gráficos, portadores) só emergiram na tarefa de definição (Spinillo & Silva, 2014). Uma explicação para isso é que ao definir, que é uma medida de generalização, as crianças ampliam o conjunto de critérios que adotam, passando a incluir os aspectos gráficos e os portadores. Outro exemplo é o fato de a função ter surgido apenas como critério na tarefa de identificação de história, carta e notícia de jornal (Albuquerque & Spinillo, 1997). Essa tarefa requeria, de certa forma, que fossem feitas comparações entre textos diversos e a função surgiu como um elemento que os diferenciava, uma vez que cada um deles cumpre funções sociais distintas em uma sociedade letrada. Reiterando o que foi mencionado acerca das relações entre critérios e a diversidade dos textos, a função pouco foi usada como critério na identificação de história em comparação à carta e à notícia. Isso ocorreu porque a história não possui uma função clara, enquanto a carta tem a função de ser uma comunicação pessoal (dar e procurar obter informações) a distância e a notícia tem a função de divulgar informações relevantes para o público.

O que se conclui é que as justificativas foram um recurso metodológico fundamental para se conhecer os critérios adotados pelas crianças. Esses critérios demonstraram ser bastante estáveis em relação à natureza dos textos apresentados, sendo observados em diferentes investigações. A partir deles, em associação com o sucesso nos julgamentos, foi possível traçar níveis de desenvolvimento relativos à consciência metatextual.

5.6 Considerações finais

Conhecer os diferentes recursos metodológicos adotados em um determinado campo de investigação é fundamental para se compreender a natureza do dado gerado por meio desses recursos, para examinar diferentes facetas de um mesmo fenômeno e para contribuir para que o pesquisador possa fazer escolhas metodológicas apropriadas e inovadoras. Além disso, esse conhecimento pode, ainda, trazer contribuições aplicadas à educação e à clínica.

No campo educacional, as tarefas adotadas para investigar as habilidades metatextuais das crianças podem sofrer uma transposição didática no sentido de serem adaptadas ao contexto escolar, transformando-se em atividades a serem conduzidas em sala de aula com o objetivo de desenvolver essas habilidades. No campo da clínica, a adaptação dessas tarefas pode ser feita com vistas a avaliar e diagnosticar crianças que apresentam alguma dificuldade de natureza linguística. Portanto, duas palavras-chave emergem como pontos fundamentais para discussão nesta seção final do capítulo: avaliar e desenvolver.

No que tange à avaliação, uma derivação importante das pesquisas relatadas anteriormente foi a elaboração do Questionário de Avaliação de Habilidades Metatextuais (QACM) por Santos e Cunha (2012) com o objetivo de verificar o nível de conhecimento de crianças sobre diferentes tipos de textos. Esse questionário se caracteriza como um instrumento estandardizado voltado para a avaliação de crianças com idades entre 9 e 11 anos, alunas do 3º ao 5º ano do ensino fundamental (ver Cunha, Ferraz, & Santos, 2021; Cunha & Santos, 2014, 2020; Santos, Oliveira, Cunha, & Osés, 2017).

Essa derivação das tarefas anteriormente mencionadas tem grande impacto na pesquisa, na clínica e no contexto escolar. Na pesquisa, o nível de conhecimento das crianças sobre textos obtido por meio desse questionário e das tarefas aqui apresentadas pode ser comparado e relacionado a outros fatores e habilidades linguísticas. Na clínica, o resultado obtido por meio desses instrumentos pode servir como um elemento no diagnóstico de dificuldades no âmbito da linguagem. No contexto escolar, os resultados obtidos por meio desses instrumentos podem auxiliar professores a conhecer os limites e os avanços de seus alunos quanto ao conhecimento que apresentam sobre textos.

No que tange ao desenvolvimento, observa-se que as tarefas e os resultados e os resultados nelas obtidos serviram de base para a realização de estudos de intervenção que tinham por objetivo promover a aquisição de habilidades linguísticas a partir de atividades metatextuais. O estudo de intervenção originalmente conduzido por Ferreira e Spinillo (2003) foi replicado e serviu de inspiração para diversas pesquisas desse tipo (e.g., Ferreira & Correa, 2008; Rodrigues & Vilela, 2012; Spinillo & Melo, 2018). Ferreira e Spinillo obtiveram resultados expressivos quanto à melhoria da produção oral de histórias por crianças de 7-8 anos que participaram de uma intervenção que se caracterizava por atividades que levavam a criança, de forma explícita e deliberada, a refletir sobre a estrutura de histórias e suas convenções linguísticas. Sucesso semelhante foi documentado por Ferreira e Correa (2008) e por Spinillo e Melo (2018) quanto à escrita de histórias por crianças de 7-8 anos.

Ferreira e Correa (2008) examinaram a eficácia de duas intervenções realizadas em grupo que envolviam atividades de natureza metatextual. Uma das intervenções se caracterizava por atividades de reflexão acerca da estrutura de histórias e a outra além de envolver atividades desta natureza incluía, ainda, um levantamento de temas para a escrita de novas histórias. As autoras observaram um efeito positivo na qualidade das histórias escritas pelas crianças que haviam participado das intervenções.

Spinillo e Melo (2018) replicaram o estudo de Ferreira e Spinillo (2003), que originalmente havia sido feito com a produção oral de histórias, com o objetivo de examinar se aquela intervenção também teria um impacto positivo na produção escrita. De fato, isso foi observado tanto em relação a um maior domínio de um esquema narrativo por parte das crianças que participaram da intervenção como em relação ao uso de coesivos mais apropriados e sofisticados, de modo que as histórias produzidas após a intervenção eram mais elaboradas e coesas do que antes dessa experiência.

Para finalizar, importante remeter à revisão sistemática da literatura realizada por Silva e Guimarães (2017) referente a pesquisas brasileiras sobre habilidades metatextuais no período de 2006 a 2016. Em termos de publicações, que foram escassas, observou-se o interesse em investigar as relações entre essas e outras habilidades linguísticas como a compreensão e a produção de textos, sendo a maioria desses estudos sobre história. A revisão, entretanto, não cobriu as publicações feitas em período anterior a 2006, inclusive aquelas pioneiras realizadas no final da década de 90 que já incluíam outros tipos de texto além da história e que se dedicavam a examinar especificamente o desenvolvimento de habilidades metatextuais em crianças. Resta saber, ainda, se após 2016 houve um aumento de publicações sobre o tema e como se configuram essas publicações. Ao que parece, a exemplo do que foi feito por Silva e Guimarães, é necessário que outra revisão sistemática da literatura seja feita (iniciando pelo ano de 1996) para que se possa fazer um resgate do cenário inicial, realizar um mapeamento das tendências atuais das pesquisas e, sobretudo, identificar os novos conhecimentos gerados neste campo de estudo.

Agradecimentos:

Aa autoras agradecem à Coordenadoria de Aperfeiçoamento de Pessoal de Nível Superior (CAPES), à Fundação de Amparo à Pesquisa do Estado de Pernambuco (FACEPE) e ao Conselho Nacional de Desenvolvimento Científico e Tecnológico (CNPq), pelas bolsas de pesquisa e auxílios financeiros recebidos para a realização das investigações, cujas tarefas são apresentadas neste capítulo. Agradecimentos são também endereçados a Chris Pratt, Jean-Émile Gombert e Lúcia Lins, que, em ocasiões distintas, levantaram discussões teóricas e metodológicas que inspiraram a realização dos estudos que serviram de base para a escrita deste capítulo. Por último, mas não menos importante, agradecemos às crianças que nos surpreenderam com suas ideias e compartilharam conosco seus conhecimentos sobre textos.

REFERÊNCIAS

Albuquerque, E. B. C. de, & Spinillo, A. G. (1998a). O conhecimento de crianças sobre diferentes tipos de textos. *Psicologia. Teoria e Pesquisa,* 13(3), 329-338

Albuquerque, E. B. C. de, & Spinillo, A. G. (1998b). Consciência textual em crianças: critérios adotados na identificação de partes de textos. *Revista de Estudios e Investigación en Psicoloxia e Educación,* 3(2), 145-158.

Barrera, S., & Maluf, M. R. (1997). Consciência metalinguística e alfabetização: um estudo com crianças da primeira série do ensino fundamental. *Revista Psicologia: Reflexão e Crítica*, 16(3), 491-502.

Baretta, D., & Pereira, V. W. (2019). Predição leitora e consciência textual: um estudo com alunos do ensino fundamental. *Ilha do Desterro*, 72(3), 139-173.

Barros, M. T. de A., & Spinillo, A. G. (2011). Contribuição da educação infantil para o letramento: um estudo a partir do conhecimento de crianças sobre textos. *Psicologia: Reflexão e Crítica*, 24(3), 542-550.

Bialystok, E. (1993). Metalinguistic awareness: the development of children ́s representations of language. In C. Pratt, & A. F. Garton (Orgs.), *Systems of representation in children: development and use* (pp. 211-234). Wiley.

Bruner, J. S., Goodnow, J. J., & Austin, G. A. (1956/1967). *A study of thinking*. Wiley.

Cadime, I. M. D. (2011). *Avaliar leitura no 1º ciclo do Ensino Básico: construção e validação do TCL – Teste de Compreensão Leitora* [Tese de Doutorado, Escola de Psicologia, Universidade do Minho].

Camps, A., & Milian, M. (2000). Metalinguistic activity in learning to write: an introduction. In A. Camps, & M. Milian (Orgs.), *Metalinguistic activity in learning to write* (pp. 1-28). Amsterdam University Press.

Cazden, C. R. (1974). Play with language and metalinguistic awareness: one dimension of language experience. *The Urban Review*, 7, 28-39.

Chaves, J. (2021). Consciência textual: uma alternativa para desenvolver a leitura e a escritura. *Letrônica*, 14(2), 1-13.

Cunha, N. B., Ferraz, A. S., & Santos, A. A. A. (2021). Psychometric study of the Metatextual Awareness Assessment Questionnaire. *Avaliação Psicológica [online]*, 20(4), 401-409.

Cunha, N. B., & Santos, A. A. A. (2014). Estudo de validade do questionário de avaliação de consciência metatextual. *Revista Psicologia: Teoria e Prática*, 16(1), 41-154.

Cunha, N. B., & Santos, A. A. A. (2019). Avaliação da consciência metatextual e sua predição da compreensão de leitura. *Revista Psicologia: Teoria e Prática*, 21(1), 37-52.

Cunha, N. B., & Santos, A. A. A. (2020). Estudos sobre o Questionário de Avaliação da Consciência Metatextual. In V. W. Pereira, & R. Guaresi (Orgs.), *Leitura e escrita em avaliação: a ciência em busca de maior esclarecimento da linguagem verbal* (pp. 144-158). Fonema e Grafema.

Ferreira, S. P., & Correa, J. (2008). A influência de diferentes contextos de intervenção na escrita de histórias por crianças. *Estudos de Psicologia (Campinas)*, 25(4), 547-555.

Ferreira, A. L., & Spinillo, A. G. (2003). Desenvolvendo a habilidade de produção de textos em crianças a partir da consciência metatextual. In M. R. Maluf (Org.), *Metalinguagem e aquisição da escrita: contribuições da pesquisa para a prática da alfabetização* (pp. 119-148). Casa do Psicólogo.

Garton, A. & Pratt, C. (1998). *Learning to be literate: the development of spoken and written language*. Blackwell Publishers.

Gombert, J-E. (1992). *Metalinguistic development*. Londres: Wheatsheaf.

Gombert, J-E. (2003). Atividades metalingüísticas e aprendizagem da leitura. In M. R. Maluf (Org.), *Metalinguagem e aquisição da escrita: contribuições da pesquisa para a prática da alfabetização* (pp.19-64). Casa do Psicólogo.

Gombert, J-E. (2005). Est si l'automatisation n'existait pas? L'implicite et l'explicite dans l'aprrentissage de l'écrit et ses troubles. *Revue Parole*, 34-35-36, 245-263.

Gombert, J. E. (2013). Epi/meta versus implícito/explícito: nível de controle cognitivo sobre a leitura e sua aprendizagem. In M. R. Maluf, & C. Cardoso-Martins (Orgs.), *Alfabetização no século XXI: Como se aprende a ler e a escrever* (pp. 109-123). Penso.

Herriman, M. L. (1986). Metalinguistic awareness and the growth of literacy. In S. Castell, A. Luke, & K. Egan (Orgs.), *Literacy, society and schooling* (pp. 159-174). Cambridge University Press.

Jacobson, R. (1963). *Essais de linguistique générale I*. Minuit.

Karmiloff-Smith, A. (1995). *Beyond modularity: a developmental perspective on cognitive science*. Massachusetts Institute of Technology.

Keenan, J. M., Potts, G. R., Golding, J. M. & Jennings, T. M. (1990). Which elaborative inferences are drawn during reading? A question of methodologies. In D. A. Balota, & G. B. Flores d'Arcais (Orgs.), *Comprehension processes in reading* (pp. 377-402). Lawrence Erlbaum Associates.

Lomônaco, J. F. B., Caon, C. M., Heuri, A. L. P. V., Santos, D. M. M., & Franco, G. T. (1996). Do característico ao definidor: um estudo exploratório sobre o desenvolvimento de conceitos. *Psicologia: Teoria e Pesquisa*, 12(1), 51-60.

Lomônaco, J. F. B., Paula, F. V., Mello, C. B., & Almeida, F. A. (2001). Desenvolvimento de conceitos: o paradigma das transformações. *Psicologia: Teoria e Pesquisa*, 17(2), 161-168.

Lopes, M. M. (2016). Consciência Metatextual, compreensão leitora e resumo de histórias – possíveis relações em uma perspectiva psicolinguística. *Signo*, 41(71), 50-62.

Lucena, R. N. de, & Spinillo, A. G. (2018). Alfabetização e consciência metatextual: conhecimento epilinguístico e metalinguístico em foco. *Arquivos Brasileiros de Psicologia*, 70(3), 51-65.

Luria, A. R. (1990). *Desenvolvimento cognitivo*. Ícone.

Maluf, M. R. (2010). Do conhecimento implícito à consciência metalinguística indispensável na alfabetização. In S. R. K. Guimarães, & M. R. Maluf (Orgs.), *Aprendizagem da linguagem escrita: contribuições da pesquisa* (pp. 17-32). Vetor.

Moreira, N. C. R. (1992). Portadores de texto: concepções de crianças quanto a atributos, funções e conteúdo. In M. Kato (Org.), *A concepção da escrita pela criança* (pp. 15-52). Pontes.

Nesdale, A. R., & Tunmer, W. E. (1984). The development of metalinguistic awareness: a methodological overview. In W. E. Tunmer, C. Pratt, & M. L. Herriman (Orgs.), *Metalinguistic awareness in children: theory, research and implications* (pp. 36-54). Springer-Verlag.

Nobile, G. G., & Barrera, S. D. (2018). Habilidades metatextuais: uma intervenção na produção escrita de textos narrativos. *Psicologia Escolar e Educacional*, 22(2), 311-318.

Paula. F. V. de, Correa, J., & Spinillo, A. G. (2012). O conhecimento metalinguístico de crianças: o papel das aprendizagens implícitas e explícitas. In A. F. T. de Melo, K. O. Fukumitsu, & M. Á. de Lima e Dias (Orgs.), *Temas contemporâneos em psicologia do desenvolvimento* (pp. 161-196). Vetor.

Pereira, V. W., Borges, C. B., Schmidt, D. S., & Baretta, D. (2020). Compreensão e consciência textual na leitura de textos de curiosidade científica: construção e apresentação de instrumento de pesquisa. In V. W. Pereira, & R. Guaresi (Orgs.), *Leitura e escrita em avaliação: A ciência em busca de maior esclarecimento da linguagem verbal* (pp. 218-244). Grafema e Fonema.

Pinheiro, L. R., & Guimarães, S. R. K. (2016). Desenvolvimento de habilidades metatextuais e sua expressão na produção de textos de opinião. *Educar em Revista* (62), 87-106.

Pratt, C., & Grieve, R. (1984). The development of metalinguistic awareness: an introduction. In W. E. Tunmer, C. Pratt, & M. L. Herriman (Orgs.), *Metalinguistic awareness in children: theory, research and implications* (pp. 2-11). Springer-Verlag.

Pinheiro, R., & Leitão, S. (2007). Consciência da "Estrutura Argumentativa" e produção textual. *Psicologia: Teoria e Pesquisa*, 23(4), 423-432.

Rego, L. L. B. (1996). Um estudo exploratório dos critérios utilizados pelas crianças para definir histórias. In M. G. B. B. Dias, & A.G. Spinillo (Orgs.), *Tópicos em Psicologia Cognitiva* (pp. 120-138). Editora da Universidade Federal de Pernambuco.

Rodrigues, M. do R. de F., & Vilela, F. C. (2012). Resolução da Situação-Problema e Desfecho em Histórias de Crianças de 7 e 9 Anos. *Psicologia: Ciência e Profissão*, 32(2), 422-437.

Santos, A. A. A., & Cunha, N. B. (2012). Consciência metatextual: evidências de validade para instrumento de medida. *Psico USF*, 17(2), 233-241.

Santos, A. A. A., Ferraz, A. S., & Rueda, F. J. M. (2018). Relações entre a Compreensão de Leitura e as Habilidades Metalinguísticas. *Psicologia Escolar e Educacional*, 22(2), 301-309.

Santos, A. A. A., Oliveira, K. L. de, Cunha, N. de B., & Osés, P.C. C. (2017). Effectiveness of an Intervention Program for Linguistics Skill Development. *Paidéia*, 27(67), 37-45.

Silva, T. F., & Guimarães, S. R. K. (2017). Habilidades metatextuais: revendo evidências de pesquisas brasileiras. In M. R. Maluf & M. J. dos Santos (Orgs.), *Ensinar a ler: das primeiras letras à leitura fluente* (pp. 117-144). Editora CRV.

Spinillo, A. G. (2009). A consciência metatextual. In M. MOTA (Org.), *Desenvolvimento metalinguístico: questões contemporâneas* (pp. 77- 114). Casa do Psicólogo.

Spinillo, A. G. (2019). O que sabem as crianças sobre textos antes de aprenderem a ler e escrever? In M. J. dos Santos, & S. D. Barrera (Orgs.), *Aprender a ler e escrever: bases cognitivas e práticas pedagógicas* (pp. 77-93). Vetor.

Spinillo, A. G. (2015). "Por que você alterou isso aqui?" As razões que as crianças adotam quando fazem alterações ao revisar seus textos. *Revista Letras de Hoje*, 50(1), 32-39.

Spinillo, A. G., & Correa, J. (2020). Como avaliar a produção de textos narrativos em crianças: considerações acerca dos instrumentos adotados em pesquisas na área.

In V. W. Pereira, & R. Guaresi (Orgs.), *Leitura e escrita em avaliação: A ciência em busca de maior esclarecimento da linguagem verbal* (pp. 328-368). Grafema e Fonema.

Spinillo, A. G., & Lima, M. B. (2005). Comment les enfants utilisent et comprennent les signes de ponctuation dans la reproduction d histoiries. *Lettre de l'Association Internationale de Recherche en Didactique du Français (AIRDF)*, 2, 18-24.

Spinillo, A. G., & Melo, K. L. R. de (2018). O papel do conhecimento acerca da estrutura do texto na escrita de histórias por crianças. *Educar em Revista, 34*(69), 277-292.

Spinillo, A. G., Mota, M. M. P. E. da, & Correa, J. (2010). Consciência metalinguística e compreensão de leitura: diferentes facetas de uma relação complexa. *Educar em Revista*, 38, 157-171.

Spinillo, A. G., & Pratt C. (2005). Sociocultural differences in children's genre knowledge. In T. Kostouli (Org.), *Writing in context(s): textual practices and learning processes in sociocultural settings* (pp. 27-48). Springer.

Spinillo, A. G., Rego, F. B., Lima, E. B., & Souza, N. (2002). A aquisição da coesão textual: uma análise exploratória da compreensão e da produção de cadeias coesivas. In A. G. Spinillo, G. Carvalho, & T. Avelar (Orgs.), *Aquisição da linguagem:* teoria e pesquisa (pp. 71-100). Editora da Universidade Federal de Pernambuco.

Spinillo, A. G., & Silva, A. P. D. (2014). "O que é história, carta e notícia de jornal?" A definição de textos por crianças. *Psicologia USP, 25*, 180-188.

Spinillo, A. G., & Simões, P. M. U. (2003). O desenvolvimento da consciência metatextual em crianças: questões conceituais, metodológicas e resultados de pesquisas. *Psicologia: Reflexão e Crítica*, 16(3), 537-546.

Stein, N. L., & Policastro, M. (1984). The concept of a story: A comparison between children's and teacher's viewpoints. In H. Mandl, N. L. Stein, & T. Trabasso (Orgs.), *Learning and comprehension of text* (pp. 113-155). Lawrence Erlbaum Associates.

Tolchinsky, L. (2000). Contrasting views about the object and purpose of metalinguistic work and reflection in academic writing. In A. Camps, & M. Milian (Orgs.), *Metalinguistic activity in learning to write* (pp. 29-48). Amsterdam University Press.

Tunmer, W. E., & Herriman, M. L. (1984). The development of metalinguistic awareness: a conceptual overview. In W. E. Tunmer, C. Pratt, & M. L. Herriman (Orgs.), *Metalinguistic awareness in children: theory, research and implications* (pp. 12-35). Springer-Verlag.

Tunmer, W. E., Neasdale, A. R., & Pratt, C. (1983). The development of young children ́s awareness of logical inconsistencies. *Journal of Experimental Child Psychology*, 36, 97-108.

Vygotsky, L. S. (1991). *Pensamento e linguagem*. Martins Fontes.

CAPÍTULO 6

OS CONHECIMENTOS DOS PROFESSORES ALFABETIZADORES SOBRE HABILIDADES METALINGUÍSTICAS EM UMA PROPOSTA DE FORMAÇÃO DOCENTE

Tânia Maria Massaruto de Quintal
Fraulein Vidigal de Paula

Introdução

Neste capítulo, apresentamos e discutimos os resultados de uma pesquisa que concebeu e implementou uma proposta de formação de professores alfabetizadores, focada nas contribuições das pesquisas em Ciências Cognitivas para a aprendizagem da leitura e da escrita, ao longo das três últimas décadas aproximadamente, em vários países, inclusive no Brasil. O conhecimento e as práticas alfabetizadoras declaradas pelos professores participantes foram avaliados antes e após a formação concluída, a fim de identificar quais as contribuições dos conteúdos formativos ao desenvolvimento profissional docente[3].

O estudo foi motivado em parte por uma literatura acadêmica e relatórios oficiais que vêm apontando a fragilidade da formação docente no que tange a apropriação dos conhecimentos e evidências postos pelas Ciências Cognitivas no campo da leitura. Esta fragilidade foi constatada e discutida, por exemplo, no documento *Grupo de trabalho alfabetização infantil: os novos caminhos relatório final* (Brasil, 2007, 2019c), solicitado pela Comissão de Educação e Cultura da Câmara dos Deputados da época (2003), com a finalidade de apresentar sugestões para o aprimoramento da legislação e políticas relacionadas à alfabetização no país. Neste apresentou-se o resultado de levantamento a respeito de referências norteadoras de formação de alfabetizadores no país. O mesmo se constatou em um estudo de Quintal e

---

[3] Trata-se de uma pesquisa de doutorado (Quintal, 2021).

Paula (2017) a respeito dos programas de disciplinas de formação em cursos de pedagogia.

Ainda no referido relatório, apresentou-se o "Estado da arte" de pesquisas empíricas brasileiras, inclusive trazendo comparações com o estado da questão em outros países, economicamente mais desenvolvidos, ressaltou dois problemas "crônicos" da educação brasileira: o primeiro, relativo à não garantia da alfabetização das crianças; o segundo, referente à falta de apropriação dos conhecimentos científicos produzidos na área e baixo uso dos dados de avaliações governamentais, para melhoria do desempenho dos alunos e da qualidade da educação (Brasil, 2007, p. 13).

Mesmo tendo influenciado de modo mais sutil recomendações presentes no Pacto Nacional pela Alfabetização na Idade Certa – PNAIC de 2013, é somente em 2019 que as proposições sugeridas no relatório de 2003 são priorizadas em uma Política Nacional de Alfabetização (PNA), instituída pelo Decreto nº 9.765/2019 (Brasil, 2019b). A PNA (Brasil, 2019a, 2019b) foi decretada com o objetivo de implementar programas e ações voltadas à alfabetização baseada em evidências científicas; combater o analfabetismo e elevar o nível e a qualidade da alfabetização dos alunos. As evidências científicas são as provenientes da Neurociência, Ciência Cognitiva da Leitura e correlatos, tendo como critério estudos de delineamento experimental e estatístico.

Fruto da PNA, em 2021 é publicado o Relatório Nacional de Alfabetização Baseada em Evidências (Renabe) (Brasil, 2020). O referido documento foi elaborado por um grupo de especialistas composto pelo Ministério de Educação (MEC), o mesmo que organizou a Primeira Conferência Nacional de Alfabetização Baseada em Evidências (Conabe) em 2019, apresentando uma revisão bibliográfica sistemática das pesquisas científicas sobre alfabetização, apreciando e discutindo as condições de sua aplicabilidade e as suas contribuições ao aperfeiçoamento da alfabetização no Brasil (Brasil, 2020). O referido relatório é composto por dez eixos temáticos, sendo um deles a "Formação e desenvolvimento profissional de professores".

Fato é que apesar do reconhecimento da necessidade social da garantia da alfabetização da população; da inclusão no debate educacional de outras contribuições e evidências científicas que ressaltam, dentre outros aspectos, a importância das habilidades metalinguísticas no processo de aprendizagem da leitura e da escrita; e da publicação de documentos e estudos como o Relatório (Brasil, 2007, 2019c) e a criação de uma nova política no ano de

2019 – PNA (Brasil, 2019a), que se debruçam sobre tais contribuições, há ainda um campo a ser explorado, principalmente no que tange a formação dos professores.

Paralelamente, no final do ano de 2019 é homologada a Resolução do CNE que define as Diretrizes Curriculares Nacionais para a Formação Inicial de Professores para a Educação Básica e institui a Base Nacional Comum para a Formação Inicial de Professores da Educação Básica (BNC-Formação) (Brasil, 2019d). Tais diretrizes visam incidir diretamente na formação proposta nos cursos de Pedagogia e licenciaturas de forma a garantir as aprendizagens essenciais aos estudantes.

O documento propõe em seu Art. 4º (Brasil, 2019d) três competências específicas e interdependentes que integram e se complementam na ação docente. São elas: I - conhecimento profissional; II - prática profissional; e III - engajamento profissional. Tais competências englobam o domínio de conhecimentos pedagógicos necessários à atuação docente, assim como seu compromisso com o próprio processo formativo e desenvolvimento profissional, coincidindo com a perspectiva adotada na investigação que derivou o estudo apresentado neste capítulo.

6.1 Habilidades metalinguísticas e a aprendizagem da leitura e da escrita: o papel da consciência fonológica

Aprender a ler e escrever envolve o domínio de muitos saberes. Dentre eles está o conhecimento das características da língua aprendida. Aprender uma língua de organização silábica, por exemplo como a japonesa, impõe diferenças no aprender uma língua alfabética, como o português. Esse conhecimento é imprescindível àqueles que organizam os processos de ensino-aprendizagem. Destacando a contemporaneidade desta compreensão, Mota (2008) destaca o papel do desenvolvimento metalinguístico, que inclui, além da reflexão sobre as características linguísticas - fonológicas, morfológicas, sintáticas, textuais - também suas implicações em termos dos recursos cognitivos requeridos para a aprendizagem da leitura e escrita em um determinado idioma. A língua escrita é, antes de tudo, uma invenção humana, que como tal, é histórica e culturalmente marcada, possui regras, convenções e organização própria, necessitando de processos formais para sua aprendizagem.

Barbosa e Guimarães (2014, p. 56) propõem que "[...] a atividade metalinguística é necessariamente não automática e intencional, implica na capacidade do indivíduo monitorar sua própria atividade" de uso da língua, seja para melhorar seu desempenho ou melhor compreendê-la.

Para Soares (2016), a consciência metalinguística é essencial à aprendizagem da língua escrita. A autora a sintetiza dizendo que a "[...] consciência metalinguística é reflexão, análise, controle intencional de atividades linguísticas que, no uso cotidiano da língua, realizam-se de forma automática e sem consciência dos processos nelas envolvidos" (2016, p. 126).

Conforme destaca Soares (2016) a consciência fonológica tem sido a dimensão das habilidades metalinguísticas mais estudada em pesquisas brasileiras e internacionais, o que corrobora os apontamentos de Maluf, Zanella e Pagnez (2006) e Moura e Paula (2013).

A consciência fonológica é a capacidade ou habilidade de analisar a linguagem oral e suas unidades sonoras; manipular conscientemente elementos sonoros das palavras, como sílabas, fonemas e unidades intrassilábicas (ataque e rima), ou seja, é a consciência explícita dessas unidades da fala e a capacidade de manipulá-las (Martins & Silva, 1999; Gombert, 2003; Barrera, 2003; Barrera & Santos, 2014).

Crianças, desde muito cedo, revelam sensibilidade oral em relação às sílabas, sendo essas as menores unidades da fala que podem ser produzidas isoladamente. Assim, a capacidade de segmentação oral se desenvolve a partir da sensibilidade a unidades maiores, como as palavras, em direção às menores, como as sílabas e fonemas. Contudo, os fonemas são representações abstratas, difíceis de serem isolados na pronúncia (muitas vezes a tentativa de pronúncia se dá no ato articulatório que os produz), o que explica o fato da consciência fonêmica dificilmente se desenvolver de maneira espontânea, como a consciência silábica "[...] na cadeia sonora da fala, os fonemas são unidades *implicitamente percebidas*, mas não *explicitamente reconhecidas*" (Soares, 2016, p. 199, grifo da autora).

Grande parte dos pesquisadores considera a consciência fonológica e a aprendizagem da leitura e da escrita como mutuamente dependentes, ou seja, se relacionam e se determinam. A consciência de rimas, por exemplo, tem sido entendida como facilitadora para a aprendizagem da leitura, já a fonêmica tem sido considerada uma consequência dessa aprendizagem por alguns autores e, por outros, entendida numa perspectiva interativa (Barrera & Maluf, 2003; Barrera & Santos, 2014; Martins & Silva, 1999).

Rigatti-Scherer (2008a, 2008b) demonstrou, em seu estudo longitudinal com professores e crianças que, alunos que receberam orientação em consciência fonológica e explicitação do princípio alfabético, demonstraram mais rapidamente o domínio da relação grafema-fonema, em relação aos alunos que não receberam, e com isso, demoraram mais para compreender a relação existente entre grafemas e fonemas.

Morais (2019) apresenta algumas atividades de consciência fonológica possíveis, adotadas em pesquisas ou no ensino:

- identificar palavras com unidades iguais (sílabas, fonemas, rimas);

- produzir (isto é, dizer em voz alta) palavras com a mesma unidade (sílaba, fonema, rima) de uma palavra ouvida;

- identificar ou produzir palavras maiores (ou menores) que outras;

- segmentar palavras em unidades (sílabas ou fonemas);

- contar quantas unidades (sílabas ou fonemas) uma palavra contém;

- sintetizar unidades (sílabas ou fonemas) para formar uma palavra;

- adicionar, substituir ou subtrair uma unidade (sílaba ou fonema) de uma palavra ouvida;

- isolar a sílaba ou o fonema inicial (ou final) de uma palavra;

- inverter a ordem de unidades de uma palavra (por exemplo, substituindo a sílaba ou o fonema inicial por aquele (a) que aparece ao final). (Morais, 2019, p. 51).

O autor propõe também que as tarefas de consciência fonológica apresentam diferentes níveis de complexidade, a depender: do tamanho das palavras; do tipo de fonemas que compõem as palavras; da estrutura silábica (consoante e vogal é menos complexo que consoante-consoante-vogal, por exemplo) (Morais, 2019).

6.2 A consciência sintática e a consciência morfológica

A aprendizagem da leitura e da escrita envolve tanto as questões básicas do domínio do código alfabético como aquelas relacionadas à sintaxe ou à gramática, que fazem parte da estrutura da língua. Se a consciência fonológica é entendida em uma relação interativa com a alfabetização e a aquisição da escrita alfabética, ela não é suficiente para o desenvolvimento da escrita ortográfica (que necessita de um conhecimento mais apurado da estrutura das palavras e seu papel na construção das frases) ou da formação de um bom leitor (que não depende apenas de processos de codificação e decodificação, e que é capaz de usar seu conhecimento linguístico e de mundo) (Correa, 2005; Barrera, 2003). Neste sentido, a consciência sintática e a morfológica são habilidades metalinguísticas investigadas nas intersecções com a aprendizagem da leitura e da escrita.

Se a consciência fonológica contribuiu para a compreensão do princípio alfabético e para a consolidação dos processos de decodificação e codificação, ela não é suficiente, pois há questões que envolvem conhecimentos ortográficos por exemplo, já que nossa língua apresenta casos de irregularidades nas relações grafemas-fonema.

Para Gombert (1992) a consciência sintática é a capacidade de manipular, refletir e controlar de forma intencional a sintaxe da língua. Nas palavras de Correa (2005, p. 91) "[...] diz respeito à reflexão e controle intencional sobre os processos formais relativos à organização das palavras para produção e compreensão de frases". É importante ressaltar que "[...] a contribuição específica da consciência sintática para a alfabetização ainda é motivo de debate" (Mota et al., 2009, p. 12).

Rigatti-Scherer (2013; 2019) tratou do papel da consciência sintática na aquisição da linguagem escrita. A autora observa que não há, muitas vezes, um ensino sistemático da frase, passando da leitura da palavra diretamente para a leitura e escrita do texto. Observou também que não há ainda um número de estudos sobre consciência sintática como há no caso da consciência fonológica. A autora tem como hipótese que a consciência sintática teria um papel de auxiliar na escrita e leitura das frases.

Segundo Guimarães et al. (2014, p. 201) "A consciência morfológica diz respeito à habilidade para refletir sobre as menores unidades de sentido de uma língua e utilizá-las intencionalmente na estruturação e reconhecimento das palavras". As autoras pontuam que há duas visões relacionadas ao papel da consciência morfológica no desenvolvimento da leitura e escrita: uma que defende seu desenvolvimento desde os primeiros anos escolares; outra que propõe que tal habilidade se torna mais expressiva nos anos mais avançados, em que os alunos se deparam com desafios ortográficos. Na referida pesquisa, apesar de não contradizer o papel da consciência morfológica nos anos iniciais, as autoras evidenciaram que esta habilidade contribui para a escrita ortográfica e a compreensão das crianças de 3º, 4º e 5º ano (Guimarães et al., 2014).

Soares (2016) aponta que a consciência morfológica pode possibilitar a leitura de palavras morfologicamente complexas, pela percepção de suas estruturas (base, prefixos e sufixos, por exemplo), facilitando também a compreensão dos seus significados.

6.3 Parâmetros categoriais da ação docente

Silva et al. (2016) realizaram um estudo voltado à construção de parâmetros categoriais, denominados como "referentes da ação docente", que pudessem embasar processos de formação de professores e acompanhamento do trabalho docente, levantando de forma mais objetiva e assertiva, os conhecimentos, saberes teóricos e práticos, que constituem a qualidade dessa ação. Os autores consideram a especificidade do ensino escolar e acreditam que "[...] o trabalho docente requer um conjunto de conhecimentos que não são aprendidos espontaneamente" (2016, p. 292).

A partir de um levantamento de estudos de documentos de bibliografia nacional e estrangeira sobre a temática, Silva et al. (2016) definiram três grandes dimensões ou eixos, com uma conceituação específica, a saber: "conhecimento profissional do professor, prática profissional do professor e engajamento profissional do professor". Foi realizada uma pesquisa de campo com professores de diferentes níveis de ensino e coordenadores pedagógicos, por meio de grupos de discussão operativos, visando validar os referentes categorizados.

A dimensão *Conhecimento profissional do professor* diz respeito ao domínio de sua área de conhecimento; de informações e conceitos que serão objeto de ensino; do currículo escolar, do conhecimento pedagógico dos conteúdos que ensina e de suas formas de avaliação (Silva et al., 2016, p. 307).

A dimensão *Prática profissional do professor* diz respeito ao domínio de habilidades de planejar e promover situações de ensino; dos aspectos que envolvem as condições de aprendizagem dos alunos como definição de objetivos e conteúdos, planejamento das atividades de ensino, organização de planos de aula e sequências didáticas, planejamento de realização de avaliações das aprendizagens (Silva et al., 2016, p. 308).

A dimensão *Engajamento profissional do professor* diz respeito à percepção do mesmo sobre a necessidade de seu desenvolvimento profissional, sua atuação responsável e colaborativa junto aos demais membros da comunidade escolar, os desdobramentos éticos do seu trabalho, o acompanhamento dos avanços do conhecimento na sua área de atuação, bem como aspectos das políticas educacionais sobre aprendizagens (Silva et al., 2016, p. 309).

Os referentes construídos pela pesquisa citada, não objetivam uma padronização do trabalho docente, mas sim subsidiar processos de formação e profissionalização e, permitem identificar os tipos de conhecimentos necessários para essa ação, considerando as múltiplas influências dos contextos e dos sujeitos que participam da mesma. Estes nortearam a avaliação dos conhecimentos subjacentes à ação docente na coleta de dados da presente pesquisa.

6.4 Caracterização da pesquisa

A pesquisa cumpriu uma dupla proposição: a transformação da realidade investigada e a produção do conhecimento, avaliando os efeitos dessas interferências e analisando as possibilidades e limites de generalização ou aplicação dos conhecimentos dela produzidos. Esta pôde ser entendida como uma pesquisa-ação, na qual foram utilizadas como fontes e tratamento do objeto: a pesquisa documental, bibliográfica, combinadas à pesquisa de campo (Severino, 2007; Gil, 2008)[4].

A realização da pesquisa foi em uma unidade de Educação Básica, que atende crianças da Educação Infantil e do Ensino Fundamental. Por estar atrelada a uma Universidade pública, a escola recebe cotidianamente atividades de pesquisa e extensão. Participaram a pesquisadora, na condição de coordenadora- formadora e o total de nove professoras e seis alunos do 1º, 2º e 3º ano e das turmas de alfabetização do reforço escolar.

Sugerimos que cada professora participante selecionasse uma criança que pudesse desenvolver as atividades e tarefas propostas durante a formação, de forma remota[5], objetivando a articulação das teorias e práticas estudadas.

---

[4] A pesquisa foi aprovada pelo Comitê de Ética em Pesquisa com Seres Humanos.

[5] Devido a pandemia.

A pesquisa foi realizada no período de julho a outubro do ano de 2020 com a seguinte organização: avaliação do contexto institucional; leitura e consulta da proposta pedagógica da escola; análise do desempenho no IDEB; avaliação exploratória inicial dos conhecimentos prévios das professoras sobre referencial e conteúdos a serem abordados na formação; encontros de formação docente e realização de tarefas com os alunos pelas professoras; avaliação processual dos encontros formativos pelas professoras; avaliação final das professoras.

A avaliação antes e após a formação das professoras foi coletada por meio de dois questionários, o inicial (Q1) e o final (Q2), organizados a partir dos parâmetros categoriais propostos na pesquisa organizada por Silva et al. (2016), conforme apresentamos no quadro a seguir:

Quadro 1 – Categorias de análise presentes no questionário inicial Q1 e final Q2

Referentes de ação docente (Silva et al., 2016)	Questionário inicial Q1	Questionário final Q2
Conhecimento profissional do professor	Formação acadêmica: inicial e continuada. Conhecimento sobre habilidades metalinguísticas e preditores de leitura e escrita (conhecimentos implícitos e explícitos). Concepções / crenças e teorias sobre a aprendizagem da leitura e da escrita guiam suas práticas pedagógicas.	Conhecimento sobre habilidades metalinguísticas e preditores de leitura e escrita (conhecimentos implícitos e explícitos). Apropriação dos conteúdos formativos.

Prática profissional do professor	Planejamento dos professores (plano de ensino anual, metas de aprendizagem, rotina em salas de alfabetização). Atividades alfabetizadoras oferecidas. Materiais, recursos, estratégias e métodos utilizados para alfabetizar. Tempo de experiência no magistério e na alfabetização.	Atividades alfabetizadoras. Aplicação e desenvolvimento das propostas práticas com os alunos.
Engajamento profissional do professor	Participação em cursos de atualização profissional. Apropriação de novos conhecimentos no campo da alfabetização. Atuação de forma ética: papel social da profissão e compromisso com a aprendizagem do aluno.	A realização da formação no contexto de pandemia. Apropriação de novos conhecimentos no campo da alfabetização e reflexão sobre os mesmos. Avaliação geral do curso, impactos e reflexões sobre o fazer docente.

Fonte: elaborado pelas autoras a partir do trabalho de Silva et al. (2016)

O desenvolvimento da proposta de formação de professoras alfabetizadoras teve como conteúdos formativos os conhecimentos evidenciados pela literatura da Psicologia Cognitiva e Ciência Cognitiva, a respeito do desenvolvimento das habilidades metalinguísticas, cognitivas e linguísticas relacionadas à aprendizagem inicial da leitura e da escrita. Devido a Pandemia da COVID-19 e o isolamento social, a escola campo trabalhou de forma remota durante todo o ano em que a proposta de intervenção foi desenvolvida, e, por isso, os encontros de formação ocorreram de forma virtual.

Cada encontro possuía um tema principal de formação, seguido de um plano de aula e materiais de apoio, que foram socializados com as participantes por meio de uma sala de aula no Google Classroom, criada com a finalidade de compartilhar material e possibilitar interação entre as participantes. Foram realizados dezesseis encontros, com duração aproximada de uma hora e trinta minutos.

6.5 Resultados e discussão

6.5.1 Conhecimento profissional dos professores

Todas as professoras participantes possuem graduação em Pedagogia, sendo que três participantes, além desta formação, possuem outros cursos de graduação. Assim observamos que 100% das docentes possuem formação adequada para o nível de ensino e disciplina que lecionam. Estão no nível 1, conforme o Indicador de Adequação da Formação Docente (Relatório SAEB-ANA, 2018, p. 62).

Frente a tais dados, podemos identificar que se trata de um grupo de professoras com formação inicial específica na área de atuação (Pedagogia) assim como com cursos de formação continuada cujas temáticas indiretamente podem contribuir para sua atuação e prática docente. Contudo, não podemos deixar de retomar a problemática que se tem discutido na literatura acerca da formação atual proposta pelos cursos de Pedagogia, na qual há uma demanda ampla e abrangente para este curso, desde formar professores da educação infantil e alfabetizadores, até gestores e pedagogos que vão atuar no campo não escolar, sendo muitas vezes difícil garantir um currículo que contemple todos os conhecimentos e práticas necessários para esta atuação (Gatti et al., 2019).

Uma questão importante que buscamos identificar sobre o grupo de participantes é se elas tiveram acesso aos conhecimentos sobre desenvolvimento metalinguístico e alfabetização em sua formação inicial e continuada. Conforme observamos na Figura 1, a maioria declarou que não teve acesso a tais conteúdos formativos, e as demais não souberam dizer ou lembraram se tiveram, o que indica que tal referencial é incomum às educadoras. Considerando que todas as professoras são formadas em Pedagogia, identificamos que esse dado corrobora com as pesquisas que evidenciam lacunas e fragilidades em relação à inclusão destes estudos e pesquisas na formação dos professores alfabetizadores, como citado por Brasil (2003; 2019), Rigatti-Scherer (2019), dentre outros.

Figura 1 – Acesso aos conhecimentos sobre desenvolvimento metalinguístico na formação inicial ou continuada das professoras participantes

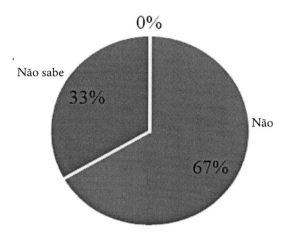

Fonte: elaborado pelas autoras

É importante ponderar que a questão acima abrange os conhecimentos explícitos das professoras, relacionados aos processos formativos sistemáticos, ou seja, aqueles conhecimentos que elas têm consciência deliberada

Identificamos que enquanto conhecimento declarativo, ou explícito, nenhuma professora afirmou ter tido acesso em sua formação sobre conhecimentos envolvendo habilidades metalinguísticas, o que pode indicar desconhecimento dos conceitos e referenciais de tal campo. Contudo, ao analisarmos as respostas que as professoras deram sobre as habilidades importantes para a criança se alfabetizar, tais conhecimentos aparecem de forma implícita, ao reconhecerem, por exemplo, o papel da oralidade, da percepção de sons e rimas, do conhecimento do nome e sons das letras, entre outros.

Solicitamos às participantes que marcassem numa escala de 1 (para pouco) e 5 (para muito) as principais habilidades que julgassem imprescindíveis para que as crianças sejam alfabetizadas. A seguir apresentamos a comparação entre as respostas da mesma questão no questionário inicial (Q1) e final (Q2):

HABILIDADES METALINGUÍSTICAS: AVANÇOS DAS PESQUISAS NO CONTEXTO NACIONAL

Tabela 1 – Principais habilidades para a alfabetização das crianças: comparação entre respostas do Q1 (questionário inicial) e Q2 (questionário final)

Habilidade	Instru-mento	Valor atribuído / número de participantes					
		1	2	3	4	5	Sem res-posta
Segmentar a fala em partes	Q1	1	1	1	1	5	0
	Q2	0	0	1	2	5	1
Identificar, reconhecer e nomear as letras do alfabeto	Q1	0	0	0	2	7	0
	Q2	0	0	0	0	9	0
Pronunciar o som de cada letra	Q1	0	0	0	2	7	0
	Q2	0	0	0	2	7	0
Apresentar bom desenvolvimento da linguagem oral	Q1	0	0	1	4	4	0
	Q2	0	0	0	2	7	0
Memorizar as famílias silábicas	Q1	1	3	1	2	2	0
	Q2	3	1	2	1	2	0
Memorizar e recitar a sequência de letras do alfabeto	Q1	2	3	1	2	1	0
	Q2	2	1	2	0	4	0
Memorizar uma lista de palavras estáveis	Q1	2	1	3	0	3	0
	Q2	1	3	1	2	2	0
Escrever o nome próprio	Q1	0	0	2	1	6	0
	Q2	0	0	2	0	6	1
Identificar rimas e sons parecidos em palavras	Q1	0	0	2	1	6	0
	Q2	0	0	0	1	8	0
Recontar histórias lidas pela professora	Q1	0	0	1	3	5	0
	Q2	0	0	0	5	4	0
Compreender que as letras represen-tam sons	Q1	0	1	0	3	5	0
	Q2	0	0	0	1	8	0
Outros:							

Fonte: elaborado pelas autoras

Observamos que no primeiro item "segmentar a fala em partes", no Q1 duas professoras atribuíram pouco valor para tal habilidade, marcando 1 e 2 respectivamente, o que não ocorreu no Q2, evidenciando a compreensão das mesmas sobre a importância de tal habilidade para a aprendizagem do alfabetizando, conforme nos aponta Seabra (2021, p. 65): "São necessários, portanto, que o leitor desenvolva a consciência de que é possível segmentar a língua falada em unidades distintas, que compreenda que as unidades sonoras reaparecem em diferentes palavras faladas, e que conheça as regras de correspondência grafofonêmicas".

No item "identificar rimas e sons parecidos em palavras", observamos que Q2 as repostas concentradas no valor 5 e apenas uma no 4, o que representa que todas compreenderam o papel de tal habilidade na alfabetização.

O mesmo podemos ver no último item "compreender que as letras representam sons", em que no Q1 uma participante apontou valor 2, e no Q2 oito apontaram valor 5 e uma valor 4. Identificamos, então, que no Q1 havia um entendimento implícito da importância de tais habilidades na alfabetização e que no Q2 essa compreensão pareceu ser ampliada pelas professoras.

No que se refere à apropriação dos conteúdos formativos, solicitamos às participantes que apontassem quais conteúdos formativos elas já conheciam, objetivando identificar desta forma, quais destes eram considerados inéditos por elas. A tabela a seguir apresenta os dados coletados.

Tabela 2 – Conteúdos formativos já conhecidos pelas participantes abordados nos encontros

Conteúdos trabalhados nos encontros	Total	
Consciência fonológica: rimas / aliterações	9	100%
Gêneros textuais	8	88,9%
Alfabetização X letramento	8	88,9%
Consciência fonológica: sílaba	7	77,8%
Compreensão de leitura	6	66,7%
Consciência morfológica	6	66,7%
Características da Língua Portuguesa: estrutura silábica; transparência / opacidade; regularidade / irregularidade	6	66,7%
Consciência sintática	5	55,6%
Vocabulário receptivo e vocabulário expressivo	5	55,6%
Fluência de leitura	5	55,6%
Consciência fonológica: fonêmica	5	55,6%
Facetas da alfabetização: linguística, sociocultural, interativa	5	55,6%
Aprendizagem implícita e aprendizagem explícita	4	44,4%
Conhecimentos sobre fonética e fonologia	4	44,4%
Consciência metalinguística	4	44,4%
Rotas de leitura (fonológica e/ou lexical)	3	33,3%
Funções executivas: atenção seletiva; controle inibitório; flexibilidade cognitiva; memória de trabalho	2	22,2%
Paradigma Fonológico x paradigma construtivista no ensino-aprendizagem da leitura e da escrita	2	22,2%
Critérios psicolinguísticos: efeito de regularidade; frequência; lexicalidade	1	11,1%
Modelo de aprendizagem da leitura de Linnea Ehri fases: pré-alfabética; alfabética parcial; alfabética consolidada; alfabética plena	0	0%

Fonte: elaborado pelas autoras

Identificamos que os conteúdos: *"Paradigma Fonológico x paradigma construtivista no ensino-aprendizagem da leitura e da escrita"* e *"Funções executivas: atenção seletiva; controle inibitório; flexibilidade cognitiva; memória de trabalho"* foram novos para sete participantes; o conteúdo *"Modelo de aprendizagem da leitura de Linnea Ehri fases: pré-alfabética; alfabética parcial; alfabética consolidada; alfabética plena"* era desconhecido por todas; *"Aprendizagem implícita e aprendizagem explícita"*, *"Conhecimentos sobre fonética e fonologia"* e *"Consciência metalinguística"*, não eram familiares para cinco participantes (mais de 50% do grupo participante); *"Critérios psicolinguísticos: efeito de regularidade; frequência; lexicalidade"*, constou como desconhecido por oito participantes e *"Rotas de leitura"* com seis participantes que não conheciam.

Esses resultados revelaram desconhecimento por parte das professoras do modelo de Ehri (2005, 2013a, 2013b), entendendo que nenhuma indicou apropriação. Contudo, as pesquisas de Cardoso-Martins e Batista (2005) Cardoso-Martins e Corrêa (2008) identificaram que o modelo de fases proposto por Ehri, para explicar o desenvolvimento inicial da escrita em português, traz uma fundamentação mais adequada do que o modelo de estágios de Ferreiro, mais comumente difundido nas escolas. Na pesquisa de Cardoso-Martins e Batista (2005), as autoras questionam a universalidade período silábico, proposto por Ferreiro, na medida em que, para as autoras, a criança estaria grafando os sons das letras cujos nomes ela é capaz de identificar.

Os conteúdos sobre "as rotas de leitura" e os "critérios psicolinguísticos", também foram indicados por poucas participantes. O efeito da regularidade letra-som sugere o uso da rota fonológica, já o efeito da lexicalidade, a rota lexical (Capovilla & Capovilla, 2000). A frequência das palavras também influencia o tipo de leitura, pois palavras mais frequentes tendem a ser lidas pela rota lexical, e as pouco frequentes pela fonológica. O fato da maioria das participantes declararem desconhecer tais conceitos, corrobora com as pesquisas que tem evidenciado uma predominância do paradigma construtivista na formação dos professores (Brasil, 2007), que não considera tais variáveis na compreensão dos processos de leitura e escrita.

O estudo das rotas de leitura e dos critérios psicolinguísticos para a escolha de palavras estão relacionados a abordagem fonológica: "No estágio inicial da leitura, o processo de decodificação fonológica é fundamental para a aquisição das representações ortográficas das palavras, o que posteriormente permitirá a leitura via rota lexical" (Capovilla & Capovilla, 2000, p. 25).

As funções executivas também apareceram como conteúdo novo para as participantes. Segundo Mousinho et al. (2019, p. 39), as "funções executivas são um conjunto de habilidades relacionadas ao gerenciamento da mente, do corpo e das emoções". Estas funções estão relacionadas à aprendizagem da leitura e da escrita, por englobarem a atenção, a memória, a autorregulação do comportamento. Para realizar a leitura de um texto, por exemplo, o sujeito necessita dispender uma atenção na atividade, controlar possíveis distrações de estímulos externos, reter informações na memória para compreender as informações trazidas pelo texto, ter flexibilidade para pensar em diferentes pontos de vista sobre as ideias nele trazidas. Neste sentido, no ato de leitura estão subjacentes várias funções executivas. Assim, o conhecimento do papel dessas funções na aprendizagem e de estratégias que possam ajudar os alunos em desenvolvê-las e / ou aprimorá-las é um conteúdo formativo necessário ao professor alfabetizador.

Temas como gêneros textuais e consciência fonológica são mais comumente encontrados em materiais didáticos e documentos oficiais, como o PNAIC (2012), por exemplo, que tem base nas discussões sobre alfabetização e letramento. Os livros didáticos, adotados nas escolas, que fazem parte das coleções sugeridas pelo Programa Nacional do Livro Didático (PNLD), seguem geralmente estas concepções presentes nos documentos oficiais, pois são aprovados segundo estes critérios. Santos (2015) em pesquisa em que fez uma análise da formação proposta no PNAIC considerou que esta política manteve de programas anteriores a perspectiva de alfabetizar letrando. Contudo, buscou ampliar o aporte teórico e metodológico, ao incluir alguns conceitos advindos da Linguística e da Psicologia Cognitiva. O conhecimento de termos como consciência fonológica e gêneros textuais pela maioria das participantes, pode ser explicado pela presença recorrente deles nos materiais didáticos, principalmente a partir do PNAIC.

Ficaram demonstradas algumas inconsistências nas respostas das participantes, comparando os instrumentos Q1 e Q2 em relação aos conteúdos e conhecimentos sobre o desenvolvimento metalinguístico. No Q1 nenhuma professora declarou ter tido acesso aos conhecimentos sobre desenvolvimento metalinguístico (33% declararam não saber e 67% declararam não ter tido acesso), contudo ao cruzarmos os dados com as respostas do Q2 há conteúdos relacionados aos mesmos que foram declarados como familiares pelas participantes, como *Características da língua portuguesa: estrutura silábica; transparência / opacidade; regularidade / irregularidade* e *Consciência morfológica* (ambos apontados por seis participantes); *Consciência fonológica: fonêmica* e *Consciência sintática* (ambos apontados por cinco participantes).

Ao mesmo tempo, no próprio Q2, o conteúdo *Consciência metalinguística* foi apontado como familiar por apenas quatro participantes (menos de

50%), sendo que ele é um conceito central que abriga os anteriores, alegados como familiares. Entendemos com isso que a formação docente deve incorporar os conhecimentos sobre habilidades metalinguísticas, através de referenciais teórico-metodológicos relacionados à consciência fonológica, às demais habilidades, como consciência sintática e morfológica e à consciência metalinguística como um conceito central de todas.

As inconsistências sugeridas, podem ser interpretadas pelo fato de as professoras demonstrarem um conhecimento mais do campo implícito sobre tais conteúdos, e por isso no Q1 terem declarado não terem tido acesso a estes conceitos. Após a formação e a sistematização explícita de tais conceitos no percurso formativo e a relação com a prática, identificaram que alguns deles lhe eram familiares de alguma maneira, passando o seu conhecimento de implícito para explícito.

6.5.2 Prática profissional do professor

Neste momento apresentaremos a segunda questão, reaplicada do questionário inicial – (Q1), no questionário final (Q2), sobre as atividades alfabetizadoras oferecidas, com objetivo de comparar as respostas (de antes e de depois da formação vivenciada).

Tabela 3 – Comparação das respostas do Q1 e Q2 sobre as atividades alfabetizadoras oferecidas

Atividades oferecidas	Inst	Sempre	Com frequência	Às vezes	Nunca	Sem resp
Leitura diária feita pela	Q1	7	1	1	0	0
professora	Q2	6	1	2	0	0
Manuseio livre de materiais	Q1	8	0	1	0	0
de leitura (jornais, revistas, livros, gibis)	Q2	6	1	2	0	0
Manuseio livre de letras	Q1	4	4	1	0	0
móveis	Q2	6	0	2	1	0
Manuseio, com intervenção	Q1	2	3	4	0	0
do professor, de letras móveis	Q2	5	0	3	1	0
Récita de parlendas, músicas,	Q1	5	3	1	0	0
poemas	Q2	3	4	2	0	0
Identificação da letra inicial	Q1	5	3	1	0	0
em lista de palavras	Q2	5	3	1	0	0
Identificação da letra final	Q1	5	3	0	1	0
em lista de palavras	Q2	5	3	1	0	0

Identificação de sílabas em lista de palavras	Q1	5	2	0	2	0
	Q2	3	3	2	1	0
Atividades com palavras que rimam	Q1	1	5	3	0	0
	Q2	5	0	4	0	0
Cruzadinhas	Q1	0	2	7	0	0
	Q2	2	4	2	1	0
Ditado de palavras	Q1	1	2	6	0	0
	Q2	2	3	2	2	0
Ditado de letras	Q1	1	0	6	2	0
	Q2	2	3	3	1	0
Escrita espontânea	Q1	5	2	2	0	0
	Q2	5	3	0	1	0
Escrita coletiva (professor como escriba)	Q1	2	5	2	0	0
	Q2	5	0	4	0	0
Montagem de palavras com letras móveis	Q1	5	2	2	0	0
	Q2	5	1	2	1	0
Montagem de palavras com sílabas	Q1	2	4	2	1	0
	Q2	5	0	4	0	0
Identificação de palavras em textos	Q1	2	4	3	0	0
	Q2	3	3	2	1	0
Identificação de sílabas em textos	Q1	2	4	2	2	0
	Q2	4	2	2	1	0
Identificação de rimas oralmente	Q1	2	4	3	0	0
	Q2	5	1	3	0	0
Leitura de lista de nomes das crianças da sala	Q1	6	2	1	0	0
	Q2	3	4	2	0	0
Récita da sequência de letras do alfabeto	Q1	1	1	5	2	0
	Q2	4	4	0	1	0
Atividades para nomear e reconhecer as letras e seus respectivos valores sonoros	Q1	3	4	1	1	0
	Q2	6	1	2	0	0
Leitura das letras do alfabeto (não necessariamente na ordem)	Q1	1	5	3	0	0
	Q2	4	1	3	0	1
Jogos como: caça-palavras; bingo de letras; bingo de palavras; forca; memória de letra inicial e objeto com nome correspondente; loto-leitura	Q1	0	5	4	0	0
	Q2	3	2	3	1	0
Outro:	Q1	0	0	0	0	0
	Q2	0	0	0	0	0

Fonte: elaborado pelas autoras

As propostas que envolvem sistematização do princípio alfabético como, identificação de letra inicial, letra final e sílabas em listas de palavras; montagem de palavras com letras ou sílabas móveis aparecem com frequência significativa na rotina declarada pela maioria das participantes, o que pode demonstrar um conhecimento implícito sobre a importância e necessidade de um ensino explícito de tais conteúdos. Contudo, é importante notar que duas professoras declaram nunca trabalhar com a identificação de sílabas em palavras. Outro ponto também a ser destacado é que outras atividades relacionadas à sistematização do princípio alfabético como cruzadinhas, ditados de letras e palavras já não aparecem incluídas com a mesma frequência na rotina, segundo as participantes.

As atividades envolvendo aspectos da consciência fonológica como rimas, consciência de sílabas e fonemas, evidenciados na literatura como importantes para a aprendizagem da leitura e da escrita (Seabra, 2021; Soares, 2016; Morais, 2012, 2019, dentre outros), que podem ser identificadas em propostas como: récita de parlendas, música, poemas; atividades com palavras que rimam; identificação de palavras, sílabas e rimas em textos; atividades para nomear e reconhecer as letras e seus respectivos valores sonoros, parecem estar presentes no trabalho da maioria das participantes, apesar de uma professora ter declarado nunca fazer esta última proposta.

Sobre o papel do conhecimento dos nomes e sons das letras, apresentado na literatura como requisitos importantes a serem trabalhados (Soares, 2016; Corrêa et al., 2010; Cardoso-Martins & Batista, 2005) identificamos que a proposta "récita da sequência de letras do alfabeto" aparece como pouco frequente no trabalho das participantes, ao passo que as propostas "leitura das letras do alfabeto (não necessariamente na ordem)" e "atividades para nomear e reconhecer as letras e seus respectivos valores sonoros" aparecem como frequentes.

As atividades como: Récita da sequência de letras do alfabeto; Cruzadinhas; Ditado de palavras; Ditado de letras foram apontadas como não frequentes no Q1, ao serem indicadas por menos da metade das participantes. Com isso, identificamos que no Q2 houve uma mudança de percepção da importância de tais propostas na alfabetização, ao serem indicadas como frequentes nesse instrumento. Isso pode ser explicado por que tais atividades foram discutidas durante os encontros de formação.

Ainda englobando a prática do professor, obtivemos dados relativos à aplicação e desenvolvimento das propostas práticas com os alunos pelas professoras participantes. Durante os encontros, a pesquisadora sugeriu tais práticas, relacionadas aos conteúdos e conceitos trabalhados, englobando desde testes e tarefas padronizadas de avaliação, até mesmo jogos e outras sugestões de mediação pedagógica. Apresentaremos as produções das crianças e relatos das professoras sobre as propostas desenvolvidas.

Na Tabela 4 apontamos todas as atividades sugeridas e a participação das professoras (o número de participantes que aplicou ou desenvolveu as atividades).

Tabela 4 – Realização pelas professoras das atividades práticas sugeridas no curso

Sugestões de tarefas e atividades práticas	Professores que realizaram	
Ditado de palavras (Ferreiro, 1991)	7	77,8%
Teste de Leitura e Escrita (Pazeto, 2012; Pazeto et al., 2017)	6	66,7%
Tarefa de reconhecimento de letras e sons (Pazeto, 2012; Pazeto et al., 2017)	6	66,7%
Atividades e / ou jogo de consciência fonológica - consciência de sílabas	4	44,4%
Atividades e / ou de consciência fonológica- consciência de rimas e aliterações; fonêmica	5	55,6%
Prova de Consciência fonológica por escolha de figuras (Capovilla & Seabra, 2012)	5	55,6%
Atividade e / ou jogo sobre consciência sintática e/ou morfológica	3	33,3%
Atividade e / ou jogo sobre vocabulário / ou Teste Infantil de Nomeação (Seabra et al., 2012)	5	55,6%
Atividade de leitura e /ou Avalição em leitura LUMP (Paula, 2007)	3	33,3%
Nenhuma	1	11,1%
Outra (especificar)	0	0

Fonte: elaborado pelas autoras

Identificamos uma participação significativa das professoras nas atividades práticas propostas. Somente uma professora não realizou nenhuma proposta prática e uma professora realizou apenas o Ditado de palavras (Ferreiro, 1991), mas não disponibilizou a produção da criança para nós. Das participantes que não conseguiram realizar as propostas práticas (total ou parcialmente), três indicaram a indisponibilidade de tempo e quatro a indisponibilidade da criança participante (algumas apontaram ambas as razões).

Duas professoras realizaram uma proposta coletiva com todas as crianças da turma a partir do livro de rimas "Não confunda" da autora Eva Furnari, inspiradas em um vídeo assistido no encontro 8 do curso e no trabalho discutido sobre consciência fonológica. As professoras propuseram a leitura para as crianças da história rimada, para desenvolver a consciência de rimas. Depois propuseram a produção de rimas a partir do nome próprio (cada criança criando rimas a partir do seu nome, por exemplo "Não confunda Paula com Aula"). Ao final elas montaram um livro de rimas produzidas pela turma.

6.5.3 Engajamento profissional do professor

Duas questões foram propostas às participantes sobre a apropriação de novos conhecimentos no campo da alfabetização e reflexão sobre os mesmos a saber: Houve mudanças na maneira de pensar a alfabetização? Quais reflexões o curso possibilitou para seu fazer docente?.

Todas as participantes apontaram que houve mudanças na forma de pensar a alfabetização. As respostas sobre essas mudanças indicaram desde aspectos envolvendo a compreensão peia professora de outras formas de aprender das crianças (participante 6) como o uso de recursos diferenciados, como jogos (nas respostas das participantes 1 e 8), o conhecimento de outras formas de avaliar de acordo com esse referencial teórico apresentado (participante 5), quanto aspectos mais específicos relacionados aos conhecimentos metalinguísticos. Esses últimos aparecem de forma explícita nas respostas das participantes 4 e 7, e de forma implícita nas respostas das 2 e 3.

Em relação ao processo reflexivo suscitado pela vivência no processo formativo, temos os seguintes apontamentos: a ampliação das formas de compreender a alfabetização, nos aspectos dos recursos (incluindo mais aspectos da ludicidade), de novas teorias e concepções, e da importância de a professora conhecer os aspectos da aprendizagem da criança.

As respostas das participantes 4 e 5 elucidam a compreensão, respectivamente: da importância do ensino explícito do princípio alfabético; do papel do conhecimento do nome e sons das letras e a validade do conhecimento do modelo de L. Ehri. Ambas convergem com as propostas oferecidas durante a formação, que procuraram demonstrar que no campo da pesquisa está bem estabelecido que a criança deve ter instrução explícita sobre o sistema de escrita alfabético, como as relações entre fonemas e grafemas (Seabra, 2021) assim como, sobre as práticas sociais da língua escrita (Soares, 2016).

Desta forma avaliamos que, mesmo considerando uma maior ou menor profundidade ou especificação nas respostas das professoras, as mesmas declararam que a formação vivenciada suscitou reflexões e novas formas de compreender a alfabetização, o que pode possibilitar uma consciência maior das escolhas pedagógicas que fazem em suas ações de ensino relacionadas às práticas alfabetizadoras.

6.6 Considerações finais

A partir da exposição do estudo acima, concluímos que programas de formação profissional de professores alfabetizadores em seu ambiente de trabalho podem ser uma boa estratégia para disseminar conhecimentos produzidos no âmbito das Ciências Cognitivas, úteis à compreensão dos processos de aprendizagem inicial da leitura e da escrita e de suas repercussões para a prática de ensino e aprendizagem escolar.

Os encontros que trataram de aspectos da consciência metalinguística pareceram mobilizar as professoras e seus conhecimentos práticos sobre o tema. A consciência fonológica nos aspectos das rimas e fonemas, pareceu ser a habilidade mais familiar às docentes, que declararam a realização de atividades voltadas ao estímulo de tal habilidade.

Ressaltamos a importância de realizar avaliações prévias e posteriores ao processo formativo, como estratégia para avaliação da efetividade do programa, conforme seus objetivos. Pode ser útil igualmente a autorreflexão e autoavaliação dos próprios docentes alfabetizadores participantes a respeito dos benefícios da formação para seu aperfeiçoamento profissional e repercussões na sua ação docente e alfabetização de seus alunos.

A proposta de intervenção desta pesquisa-ação buscou relações com as Diretrizes Curriculares para a Formação Inicia de Professores da Educação Básica (Brasil, 2019d), destacando a necessidade de considerar as evidências científicas nas devidas áreas de conhecimento; o domínio do conteúdo a ser ensinado (no caso da alfabetização, podemos inferir que é o conhecimento das características da língua, objeto de ensino); e o domínio de estratégias que possam apoiar o ensino do referido objeto.

Ressaltamos a importância do conhecimento do objeto de ensino pelo professor, favorecendo a reflexão docente sobre a melhor forma de ensiná-la. Daí a necessária inclusão de conhecimentos de cunho linguístico, metalinguístico e conhecimentos advindos das Ciências Cognitivas, indispensáveis à atuação nas classes de alfabetização, nos currículos e programas dos cursos de formação inicial de professores alfabetizadores.

REFERÊNCIAS

Barbosa, V. do R. Guimarães, S. R. K. (2014). Aspectos linguísticos e implicações para o desenvolvimento da linguagem escrita (leitura e escrita). In J. Pinheiro De Oliveira, T. M. S. Braga, F. L. P. Viana, & A. S. Santos (Orgs.), *Alfabetização em países de língua portuguesa:* pesquisa e intervenção (pp. 55-65). Curitiba: Editora CRV.

Barrera, S. D. (2003). Papel facilitador das habilidades metalinguísticas na aprendizagem da linguagem escrita. In M. R. Maluf (Org.), *Metalinguagem e aquisição da escrita: contribuições da pesquisa para a prática da alfabetização* (pp. 65-90). São Paulo: Caso do Psicólogo.

Barrera, S. D., & Santos, M. J. (2014). Influência da consciência fonológica na aprendizagem da leitura e escrita: o que dizem as pesquisas brasileiras. In O. J. Pinheiro, T. M. S. Braga, F. L. P. Viana, & A. S. Santos (Orgs.), *Alfabetização em países de língua portuguesa: pesquisa e intervenção* (pp. 27-41). Curitiba: Editora CRV.

Barrera, S. D., & Maluf, M. R. (2003). Consciência metalinguística e alfabetização: um estudo com crianças da primeira série do Ensino Fundamental. *Psicologia: Reflexão e Crítica*, 16(3), 491-502. Recuperado de http://www.scielo.br/pdf/prc/v16n3/v16n3a08.pdf

Brasil (2007). Congresso Nacional. Câmara dos Deputados. Comissão de Educação e Cultura. *Grupo de trabalho alfabetização infantil: os novos caminhos: relatório final* (2a ed.). Brasília: Câmara dos Deputados, Coordenação de Publicações.

Brasil (2012). Ministério da Educação. *Portaria n° 867 de 4 de julho de 2012.* Institui o Pacto Nacional pela Alfabetização na Idade Certa e as ações do Pacto e define suas diretrizes gerais. Recuperado de https://download.inep.gov.br/educacao_basica/provinha_brasil/legislacao/2013/portaria_n867_4julho2012_provinha_brasil.pdf

Brasil (2013). *Pacto Nacional pelo Fortalecimento na Idade Certa* – PNAIC. Alfabetização. Recuperado de http://pacto.mec.gov.br/o-pacto

Brasil (2019a). Ministério da Educação. Secretaria de Alfabetização. *PNA Política Nacional de Alfabetização*. Secretaria de Alfabetização. Brasília: MEC, SEALF.

Brasil (2019b). Ministério da Educação. *Decreto n° 9.765 de 11 de abril de 2019*. Institui a Política Nacional de Alfabetização. Recuperado de https://www.planalto.gov.br/ccivil_03/_ato2019-2022/2019/decreto/d9765.htm

Brasil (2019c). Congresso Nacional. Câmara dos Deputados. Comissão de Educação e Cultura. *Grupo de trabalho alfabetização infantil: os novos caminhos: relatório final* (3a ed.). Brasília: Câmara dos Deputados, Coordenação de Publicações.

Brasil (2019d). Ministério da Educação. *Resolução CNE/CP Nº 2, de 20 de dezembro de 2019*. Define as Diretrizes Curriculares Nacionais para a Formação Inicial de Professores para a Educação Básica e institui a Base Nacional Comum para a Formação Inicial de Professores da Educação Básica (BNC-Formação). Recuperado de http://portal.mec.gov.br/index.php?option=com_docman&view=download&alias=135951-rcp002-19&category_slug=dezembro-2019-pdf&Itemid=30192

Capovilla, A. G. S, & Capovilla, F. C. (2000). *Problemas de leitura e escrita: como identificar, prevenir e remediar numa abordagem fônica*. São Paulo: Memnon.

Capovilla, F. C., & Seabra, A. G. (2012). Prova de Consciência fonológica por escolha de figuras In A. G. Seabra, & M. D. Dias (Orgs.), *Avaliação Neuropsicológica Cognitiva* (Vol. 2). São Paulo: Memnan.

Cardoso-Martins, C., & Corrêa, M. F. (2008). O Desenvolvimento da Escrita nos Anos Pré-Escolares: Questões Acerca do Estágio Silábico. *Psicologia Teoria e Pesquisa*, (24)3, 279-286. Recuperado de https://www.scielo.br/j/ptp/a/hSZKnHSMYj8JbtHwYbdV7qj/

Cardoso-Martin, C., & Batista, A. C. E. (2005). O conhecimento do nome das letras e o desenvolvimento da escrita: evidência de crianças falantes do português. *Psicologia: Reflexão e Crítica*, (18)3, 330-336. Recuperado de https://www.scielo.br/j/prc/a/hZ7pBB4JjXWQnFKBNfV3SKS/abstract/?lang=pt

Corrêa, M. F., Cardoso-Martins, C., & Rodrigues, L. A. (2010). O Conhecimento do Nome das Letras e a sua Relação com o Desenvolvimento da Escrita: Evidência de Adultos Iletrados. *Psicologia: Reflexão e Crítica*, (23)1, 161-165. Recuperado de http://www.scielo.br/pdf/prc/v23n1/a19v23n1.pdf

Correa, J. (2005). A Avaliação da Consciência Morfossintática na Criança. *Psicologia: Reflexão e Crítica*, (18)1, 91-97. Recuperado de https://www.scielo.br/j/prc/a/kDJ6XZh4fTbKdpvdW5hqHxw/abstract/?lang=pt

Ehri, L. C. (2013a). O desenvolvimento da leitura imediata de palavras: fases e estudos. In M. Snowling, & C. Hulme, *A ciência da leitura* (pp. 135-154). Porto Alegre: Penso.

Ehri, L. C. (2013b). Aquisição da habilidade de leitura de palavras e sua influência na pronúncia e na aprendizagem do vocabulário. In M. R. Maluf, & C. Cardoso--Martins (Orgs.), *Alfabetização no século XXI: como se aprende a ler e a escrever* (pp. 49-81). Porto Alegre: Penso.

Ehri, L. C. (2005). Learning to Read Words: Theory, Findings, and Issues. *Scientific Studies of Reading*, 9(2), 167-188. Recuperado de https://www.tandfonline.com/ doi/ abs/10.1207/s1532799xssr0902_4

Ferreiro, E. (1991). *Reflexões sobre alfabetização*. São Paulo: Cortez: Autores Associados.

Gatti, B., Barretto, E. S. S., André. M. E. D. A., & Almeida, P. C. A. (2019). *Professores do Brasil: novos cenários de formação*. Brasília: UNESCO.

Gil, A. C. (2008). *Métodos e técnicas de pesquisa social* (6a ed.). São Paulo: Atlas.

Gombert, J. (2003). Atividades metalingüísticas e aprendizagem da leitura. In M. R. Maluf (Org.), *Metalinguagem e aquisição da escrita: contribuições da pesquisa para a prática da alfabetização* (pp. 19-63). São Paulo: Caso do Psicólogo.

Gombert, J. (1992). *Metalinguistic development*. Hertfordshire: Harvester Wheatsheaf.

Guimaraes, S. R. K., Paula, F. V., Mota, M. M. P., Barbosa, V. R. (2014). Consciência morfológica: que papel exerce no desempenho ortográfico e na compreensão de leitura? *Psicol. USP*, (25)2, 201-212. Recuperado de https://www.revistas.usp.br/ psicousp/article/view/85482

Maluf, M. R., Zanella, M. S., & Pagnez, K. S. M. M. (2006). Habilidades metalinguísticas e linguagem escrita nas pesquisas brasileiras. *Boletim de Psicologia*, (56)124, 67-92. Recuperado de http://pepsic.bvsalud.org/pdf/bolpsi/v56n124/v56n124a06.pdf

Martins, M. A., & Silva, A. C. (1999). Os nomes das letras e a fonetização da escrita. *Análise Psicológica* [online], (17)1, 49-63. Recuperado de https://repositorio.ispa.pt/ bitstream/10400.12/5859/1/1999_1_49.pdf

Morais, A. G. de (2012). *Sistema de escrita alfabética*. São Paulo: Editora Melhoramentos.

Morais, A. G. de (2019). *Consciência fonológica na educação infantil e no ciclo de alfabetização*. Belo Horizonte: Autêntica Editora.

Mota, M. (Org.) (2018). *Desenvolvimento Metalinguístico: Questões contemporâneas.* São Paulo: Casa do Psicólogo.

Mota, M. M. P., Mota, D. C. B., Cota, J., Mansur, S., Lima, S., Calzavara, A., Cunha, N., & Banhato, E. (2009). Consciência morfossintática, alfabetização e contextos do desenvolvimento. *Psico-USF* [*online*], (14)1, 11-18. Recuperado de http://www.scielo.br/ pdf/pusf/v14n1/a03v14n1.pdf

Moura, E. M. B. de, Paula, F. V. de. (2013). A pós-graduação e o estudo das relações entre habilidades metalingüísticas e linguagem escrita. *Estudos e Pesquisas em Psicologia,* (13)2. Recuperado de https://www.e-publicacoes.uerj.br/index.php/revispsi/article/ view/8421/6254

Mousinho, R., Correa, J., & Oliveira, R. (2019). *Brincando com a Linguagem: fluência e compreensão de leitura.* Linguagem escrita dos 7 aos 10 anos para educadores e pais. São Paulo: Instituto ABCD.

Paula, F. V. de (2007). *Conhecimento morfológico implícito e explícito na linguagem escrita* [Tese de Doutorado, Instituto de Psicologia, Universidade de São Paulo (Brasil) e Université de Rennes 2 Haute Bretagne (França)]. Recuperado de http://www.teses.usp.br/teses/disponiveis/47/47131/tde-18012010-084053/pt-br.php

Pazeto, T. C. B. (2012). *Avaliação de funções executivas, linguagem oral e escrita em pré-escolares* [Dissertação de Mestrado, Universidade Presbiteriana Mackenzie, São Paulo].

Pazeto, T. de C. B., Leon, C. B. R., & Seabra, A. G. (2017). Avaliação de habilidades preliminares de leitura e escrita no início da alfabetização. *Rev. Psicopedag.,* (34)104, 137-147.

Quintal, T. M. (2021). *Contribuições das Ciências Cognitivas para a alfabetização em uma proposta de formação de professores* [Tese de Doutorado, Instituto de Psicologia, Universidade de São Paulo, São Paulo]. Recuperado de https://www.teses.usp.br/teses/disponiveis/47/47131/tde-06092021-162818/publico/quintal_corrigida.pdf

Quintal, T. M., & Paula, F. V. de (2017). O conhecimento das habilidades metalingüísticas no processo de alfabetização: concepções presentes na formação inicial dos pedagogos. *Anais da 47ª Reunião Anual da Sociedade Brasileira de Psicologia,* São Paulo. Recuperado de https://www.sbponline.org.br/arquivos/Anais_-_Resumos_e_Trabalhos_RA_2017_final.pdf

Relatório Nacional de Alfabetização Baseada em Evidências [recurso eletrônico] (2020). organizado por Ministério da Educação – MEC; coordenado por Secretaria de Alfabetização - Sealf. – Brasília, DF: MEC/Sealf. Recuperado de http://alfabetizacao.mec.gov.br/images/pdf/renabe_web.pdf

Relatório SAEB/ANA 2016: panorama do Brasil e dos estados (2018). Brasília: Instituto Nacional de Estudos e Pesquisas Educacionais Anísio Teixeira. Recuperado de http://portal.inep.gov.br/documents/186968/484421/RELATORIO+SAEB--ANA+2016+ PANORAMA+DO+BRASIL+E+DOS+ESTADOS/41592fab-6fd-6-4c21-9fbb-d686f6b05abe?version=1.0

Rigatti-Scherer, A. P. (2008a). Consciência fonológica e compreensão do princípio alfabético: subsídios para o ensino da língua escrita. *Letras de Hoje*, (43)3, 81-88. Recuperado de https://revistaseletronicas.pucrs.br/ojs/index.php/fale/article/view/5613

Rigatti-Scherer, A. P. (2008b). *Consciência fonológica e explicitação do princípio alfabético: importância para o ensino da língua escrita* [Tese de Doutorado, Pontifícia Universidade Católica do Rio Grande do Sul, Porto Alegre].

Rigatti-Scherer, A. P. (2013). E a frase, cadê? *Anais do SILEL* (Vol. 3, N. 1). Uberlândia: EDUFU. Recuperado de http://www.ileel.ufu.br/anaisdosilel/pt/

Rigatti-Scherer, A. P. (2019). Consciência fonológica e sintática: uma proposta metodológica para alfabetização no nível da palavra e da frase. In A. P. Rigatti-Scherer, & V. W. Pereira (Orgs.), *Alfabetização: estudo e metodologias de ensino em perspectiva cognitiva* (pp. 197-212). Porto Alegre: EDIPUCRS.

Santos, S. M. C. (2015). *Análise da proposta do Pacto Nacional pela alfabetização na idade certa para a formação do professor alfabetizador* [Dissertação de Mestrado, Universidade Federal do Paraná, Curitiba]. Recuperado de https://acervodigital.ufpr.br/handle/1884/45109

Seabra, A. G. (2021). Princípio alfabético, consciência fonológica e instrução fônica. In A. G. Seabra, A. L. Navas, & M. R. Maluf, *Alfabetização: da ciência cognitiva à prática escolar* (pp. 65-84). Londrina: Neurosaber.

Seabra. A. G., Trevisan, B. T., & Capovilla, F. C. Teste Infantil de nomeação. In A. G. Seabra, & M. D. Dias (Orgs.), *Avaliação neuropsicológica cognitiva* (Vol. 2, p. 353). São Paulo: Memnan.

Severino, A. J. (2007). *Metodologia do trabalho científico* (23a ed.). São Paulo: Cortez.

Silva, V. G. da, Almeida, P. C. A. de, & Gatti, B. A. (2016). Referentes e critérios para a ação docente. *Cadernos de Pesquisa [online]*, (46)160, 289-311. Recuperado de https://www.scielo.br/j/cp/a/nmmqpf9MW4RCn9kPFyfDyXj/abstract/?lang=pt

Soares, M. (2016). *Alfabetização:* a questão dos métodos. São Paulo: Contexto.

SOBRE AS AUTORAS

Alina Galvão Spinillo

Pós-doutora na Universidade de Sussex, Inglaterra; doutora em Psicologia do Desenvolvimento pela Universidade de Oxford, Inglaterra; mestre em Psicologia Cognitiva pela Universidade Federal de Pernambuco e graduada em Psicologia. Professora titular do Programa de Pós-Graduação em Psicologia Cognitiva da Universidade Federal de Pernambuco. Coordenadora do Núcleo de Pesquisa em Psicologia da Educação Matemática da UFPE. Pesquisadora Nível 1 do CNPq, realizando investigações na área de psicologia do desenvolvimento cognitivo e psicologia da aprendizagem sobre os seguintes temas: psicologia da educação matemática, produção e compreensão de textos (orais e escritos) de diferentes gêneros em crianças e letramento em uma perspectiva psicológica. A partir de estudos de intervenção na área de linguagem e de raciocínio matemático, tem examinado as relações entre aprendizagem e desenvolvimento cognitivo, extraindo implicações educacionais relativas à educação infantil e ao ensino fundamental.

Orcid: 0000-0002-6113-4454

Ana Paula Bellot Vita

Mestranda em Educação pela Pontifícia Universidade do Rio de Janeiro e é graduada em Ciências Biológicas pela mesma universidade, com experiência em desenvolvimento de material didático de educação sexual para professores de Ciências e Biologi. Também cursa segunda graduação em Letras/Literatura pela Universidade Veiga de Almeida. Atuou como professora da educação básica em redes de ensino particulares no Rio de Janeiro, bem como escritora de material didático para editoras escolares na mesma região. Também é escritora de ficção. Tem interesse nas áreas de educação de jovens e adultos, alfabetização, linguística, consciência morfológica, literatura clássica e escrita criativa.

Orcid: 0009-0005-6518-1636

Fraulein Vidigal de Paula

Psicóloga. Doutora pela Université de Rennes 2, França; doutora e mestre pelo Instituto de Psicologia da Universidade de São Paulo (IPUSP) e graduada pela Universidade Federal de Juiz de Fora, MG. Atualmente, é professora e pesquisadora do Instituto de Psicologia da Universidade de São Paulo, no Programa de Pós-Graduação em Psicologia Escolar e do Desenvolvimento Humano, coordenadora do Grupo de Pesquisa Cognição, Linguagem, Cultura e Aprendizagem, membro do GT Desenvolvimento Sociocognitivo e da Linguagem da ANPEPP.

E-mail: fraulein@usp.br

Orcid: 0000-0001-5767-9745

Jane Correa

Estágio pós-doutoral no Instituto de Educação da Universidade de Londres. Doutora em Psicologia na Universidade de Oxford; mestre em Psicologia Cognitiva pela Fundação Getúlio Vargas e graduada em Psicologia pela Universidade do Estado do Rio de Janeiro (UERJ). Professora titular do Instituto de Psicologia da UFRJ e docente do Programa de Pós-Graduação em Psicologia, tendo como principais temas de interesse: aprendizagem da leitura e da escrita e seus correlatos linguístico-cognitivos e transtornos de aprendizagem.

Orcid: 0000-0001-6037-4192

Larissa Maria David Gabardo-Martins

Doutora (2019), mestre (2015) e graduada (2012) em Psicologia pela Universidade Salgado de Oliveira. Tem pós-graduação em Apoio Matricial, com ênfase para Núcleo de Apoio à Saúde da Família, núcleo no qual trabalhou por cinco anos. Tem experiência na atuação em Psicologia Clínica, com ênfase em atendimentos infantis. Professora Universitária de disciplinas relacionadas à Psicologia em diferentes cursos, tais como: Enfermagem, Fisioterapia, Odontologia e Pedagogia. Professora do Programa de Pós-Graduação em Psicologia, da Universidade Salgado de Oliveira. Em sua área acadêmica, atua principalmente nos seguintes temas: bem-estar, interface trabalho-família, psicometria, validação de instrumentos psicológicos, métodos estatísticos, psicologia organizacional e do trabalho, psicologia e saúde e psicologia e educação.

Orcid: 0000-0003-1356-8087

Maria Regina Maluf

Pós-doutora na Universidade da Califórnia, USA, e no Instituto Nacional de Pesquisa Pedagógica, em Paris; doutora em Psicologia pela Universidade de Louvain, na Bélgica. Professora titular da Pontifícia Universidade Católica de São Paulo (PUC-SP) e professora associada aposentada da Universidade de São Paulo (USP). Coordena o Grupo de Pesquisa Escolarização Inicial e Desenvolvimento Psicológico (EIDEP).

E-mail: marmaluf@gmail.com

Lattes: 5305774332490934

Orcid: 0000-0001-9132-5502

Márcia Maria Peruzzi Elia da Motta

Doutora em Psicologia pela Universidade de Oxford e mestre em Métodos de Pesquisa em Psicologia pela Universidade de Reading. É professora titular do Programa de Pós-Graduação em Psicologia da Universidade Salgado de Oliveira. É membro da Society for the Scientic Studies of Reading e bolsista de produtividade nível 2 do Conselho Nacional de Desenvolvimento Cientíco e Tecnológico (CNPq), bem como do programa Cientista do Nosso Estado, por meio da Fundação de Amparo à Pesquisa do Estado do Rio de Janeiro (Faperj) (2018-2021). Coordena um convênio internacional com a Universidade de Dalhousie, em Halifax, no Canadá, onde realizou pós-doutoramento.

Orcid: 0000-0002-8343-0641

Marisangela Siqueira de Souza

Doutoranda pelo Programa de Pós-Graduação em Psicologia Social do Instituto de Psicologia da Universidade do Estado do Rio de Janeiro (UERJ); mestre pelo Programa de Pós-Graduação em Psicologia Social da Universidade Salgado de Oliveira (UNIVERSO), na área de Habilidades Sociais aplicadas à Educação e educadora graduada pela Universidade Federal do Rio de Janeiro (UFRJ). Psicopedagoga.

E-mail: profmarisangela@gmail.com

Orcid: 0000-0002-9366-7706

Silvia Brilhante Guimarães

Doutora em Psicologia Social pela Universidade do Estado do Rio de Janeiro e mestre em Psicologia pela Universidade Federal de Juiz de Fora. É docente/pesquisadora do curso de Educação e do Programa de Pós-Graduação em Educação da PUC-Rio. Vice-líder do Grupo de Pesquisa Desenvolvimento Humano e Educação – Grudhe (https://www.grudhe.pro.br/). Os seus interesses de pesquisa se concentram na área da Psicologia Escolar e Educacional, atuando principalmente com seguintes temas: funções executivas, metacognição, leitura e escrita, aprendizagem autorregulada, estratégias de aprendizagem e dificuldades de aprendizagem.

Orcid: 0000-0002-6578-887

Solange de Fátima Andreassa Di Agustini

Doutoranda pelo Programa de Estudos Pós-Graduados em Educação: Psicologia da Educação (PUC-SP); mestre em Educação: História, Política, Sociedade - EHPS (PUC-SP); neuropsicopedagoga Clínica e Institucional pela UNIP e licenciada em Pedagogia pelo Centro Universitário das Faculdades Metropolitanas Unidas (FMU). Professora na Rede Pública Estadual de São Paulo. Pesquisadora do Grupo de Pesquisa Escolarização Inicial e Desenvolvimento Psicológico (EIDEP).

E-mail: solangeandreassa37@gmail.com

Lattes: 9818841274787976

Orcid: 0000-0003-1196-8677

Tais Turaça Arantes

Doutora em Psicologia Social pela Universidade do Estado do Rio de Janeiro (Uerj); mestre em Letras pela Universidade Estadual de Mato Grosso do Sul (Uems); graduada em Pedagogia pela Universidade Luterana do Brasil (Ulbra) e em Letras pela Universidade Estadual de Mato Grosso do Sul (Uems).

Orcid: 0000-0002-1419-0226

Tânia Maria Massaruto de Quintal

Doutora em Psicologia Escolar e do Desenvolvimento Humano pelo Instituto de Psicologia da Universidade de São Paulo; mestre em Educação pela Universidade Nove de Julho e pedagoga pela Universidade Presbiteriana Mackenzie. É professora do ensino básico, técnico e tecnológico da Universidade Federal de São Paulo.

E-mail: tania.quintal@unifesp.br.

Orcid: 0000-0002-8517-6050